Weil du etwas Besonderes bist

werde ich dich ohne schimpfen liebevoll begleiten

von Stephanie Herz

1. Auflage

2020

Widmung

Dieses Buch widme ich Tyler, meinem Sohn und Sonnenschein in Dankbarkeit, ihn begleiten zu dürfen.

Inhaltsverzeichnis

Inhaltsverzeichnis 3

Vorwort des Herausgebers 5

Einleitung 6

Was heißt es eigentlich, Mensch zu sein? 9

Was ist die Seele? 11

Verstehen warum 13

DIE ERSTEN MONATE 24

Kommunikation 31

Tue, was du tust, wenn du es tust 35

Selbstbewusstsein/ Selbstwert bei dir und deinem Kind 38

Stressmanagement 46

Motivation statt Befehle 48

Zeitmanagement 56

Gesundheit 60

Lass nicht zu, dass auf dir herumgetrampelt wird 63

Klare Regeln - So entsteht Freiheit 66

Wenn es doch mal schiefgeht 68

Gewaltfrei kommunizieren 73

Das Vier-Ohren-Modell 73

Kommunikation während der Trotzphase 87

Warum Kinder trotzig werden *87*

Fingerspitzengefühl statt offenem Konflikt *90*

Motivation durch Kommunikation 99

Vorwort des Herausgebers

Seit 1988 veröffentlicht der IDEEN-Verlag Informationen zu Finanzen, Wirtschaft und Management. In diesem Jahr erweitern wir die Themen um die aktuellen großen und kleinen Fragen in unserer komplexen Welt.

Unser jüngster Zugang ist die Autorin Stephanie Herz. Sie ist tätig als Seelsorgerin und Consultant für Eltern und Familien, Mutter von 4 Kindern und diplomierte Eheberaterin. Sie betreut Ihre Schäfchen in einem langfristigen „Eltern-Coaching“, um das Leben mit Kindern harmonisch zu gestalten und zu organisieren. Daraus entstand eine immense, praktische Erfahrung, die Stephanie dir hier zusammenfasst.

Freue dich auf eine gefühlvolle und fröhliche Reise zum harmonischen Familienleben.

Nach dem Lesen besitzt du genügend Informationen, um dir deine Meinung zu bilden und deine Entscheidungen mit gutem Gefühl zu treffen, das haben wir nicht vorweggenommen.

Wir freuen uns über deine Meinung, Anregungen und Kommentare unter

autor@ideeundgeld.de

Einleitung

Im Mittelpunkt meines Lebens steht, dass meine Kinder, die sein können, die sie sind. Unser Lebensstil und wie ich die Kinder großziehe, soll ihr Bewusstsein, ihr Unterbewusstsein und ihre Achtsamkeit fördern und entwickeln.

Dabei gilt es immer wieder, Hürden zu überwinden. Oft bringen die Kleinen Verhaltensweisen und Gehörtes aus dem Kindergarten oder von Freunden mit. Nicht selten gibt es auch in meiner Familie Hürden, die meine Eltern von ihren Eltern und diese von ihren Eltern übernommen haben.

Im Ergebnis zieht dadurch immer wieder Unverständnis und Frust bei uns ein. Und am Anfang habe ich mich dem gegenüber sehr hilflos gefühlt. Bis ich verstand, wie das alles funktioniert. Und dann fand ich Wege, mich und meine Familie zu stärken, so dass wir nicht mehr so sensibel und anfällig dafür waren.

Mein Wunsch war, diesen Lebensabschnitt zu einer erfüllten Zeit für mich und meine Lieben gestalten zu können. Ich suchte mir aktiv eine Möglichkeit, das in wenigen Schritten und mit praktischen Tipps umsetzen zu können und damit langfristigen Erfolg in den Beziehungen zu meinen Kindern und zu meinem Partner zu haben.

Die einen nennen das Work- Life- Balance, die anderen einfach Alltag. Und in den meisten Fällen obliegt es der Frau, diese Planung zu meistern. Nicht, weil es ja „ihre Aufgabe“ ist, so zwischen Kindern und Herd, sondern eher, weil wir den besseren Überblick haben. Und wenn ich ehrlich sein soll, ist es für mich eine schöne Art, meinen Mann zu unterstützen. Denn dadurch ermögliche ich es ihm auf einfache Weise, sich neben seinem Job so weit wie möglich ins Familienleben einzubringen. Und wenn ich sehe, wie begeistert die Kinder mit ihm toben und sich unkompliziert in Mamafreie Stunden stürzen, ist das die Bestätigung, richtig entschieden zu haben.

Im Nachhinein ist das sicher einfacher zu verstehen. Aber auch wir haben am Anfang viel gezweifelt und hinterfragt. Dabei haben wir festgestellt, dass wir zwar eine grundsätzliche Meinung aber nicht wirklich vorbereitet waren auf das, was da auf uns zukam.

Gewaltfrei, verständlich, fair, das war unsere erste Intension. Wir wussten, dass wir geduldig sein müssen. Aber wie sehr so ein neues Leben den eigenen Rhythmus umstellt und alles durcheinanderbringt, war uns nicht klar. Aber ich möchte es von Anfang an erzählen.

Mit diesen Schritten erzähle ich davon, wie auch du das schaffen kannst.

Was heißt es eigentlich, Mensch zu sein?

Diese Frage ist nicht nur philosophisch spannend. Auch Ärzte und Wissenschaftler forschen seit Beginn der Menschheit auf diesem weitläufigen Gebiet. Dabei geht es nicht nur darum, wo wir herkommen, sondern auch um die genetischen und neurologischen Veranlagungen. „Erkenne dich selbst!“ So steht es schon am Eingang des Apollotempels in Delphi. Sokrates und Platon waren die ersten uns bekannten Denker, die sich mit dem Wesen des menschlichen Geistes auseinandersetzten. Seitdem hat es jede Generation im Rahmen immer besserer Möglichkeiten aufs Neue versucht.

Gedanken, Verhalten, Emotionen, Erinnerungen und Kreativität machen uns zu dem, was wir sind. Die große Erkenntnis des 20. Jahrhunderts war die Umkehrung des Gelehrten René Descartes der im 17. Jahrhundert den Ausspruch „Ich denke, also bin ich.“ prägte. „Ich bin, also denke ich.“ wurde vor allem durch die Fortschritte der Wissenschaft und der entstehenden Neurowissenschaft gegen Ende des 20. Jahrhunderts entwickelt und ist heute noch deren Grundlage. Das dabei entstandene Konzept basierte darauf, dass der Geist ein System von Prozessen ist, die im Gehirn stattfinden. Die Wahrnehmungen von außen, innere Erlebnisse und unsere Tätigkeiten werden gemeinsam erzeugt und gesteuert.

Darwins Erkenntnisse über die Evolution legten 1859 dar, dass der Mensch aus einfacheren Vorfahren hervorgegangen ist. Es gibt eine Kombination aus instinktiven und erlernten Verhaltensweisen, die der Mensch mit ihnen gemeinsam hat. Das führte zu der Erkenntnis, dass ähnliche Emotionen ähnliches Verhalten hervorbrachten. Der Fluchtinstinkt ist uns genauso verhaftet, wie bei den Pferden. Angst lässt uns vorsichtiger agieren, wie jedes Tier, das seinen Angreifer spürt, bevor er sichtbar wird.

Mittlerweile ist sogar bewiesen, dass Zustände wie Angst oder Panik greifbare körperliche oder organische Schäden verursachen können.

Noch sind nicht alle Geheimnisse gelüftet. Das Ichbewusstsein ist immer noch eine der großen ungelösten Fragen. Es führt zu der Frage, wer wir sind, die keine der Schöpfungsmythen wirklich erklären kann. Doch sie zeigt, dass es uns das Wichtigste ist, zu erkennen, was unser Platz, unsere Aufgabe in diesem Universum ist.

Was ist die Seele?

Auch hier ist es notwendig zu verstehen, was genau damit gemeint sein könnte. Der Mensch unterscheidet sich vom Tier, weil er zur Intelligenz auch Vernunft besitzt. Er kann sich zügeln und auch emotional zielgerichtet handeln, wenn er sich dessen bewusst ist.

Oft wird zwischen Geist und Seele ein Unterschied gemacht. Den Geist kann man (in der Psychologie) heilen, die Seele nicht. Sie wird meist mit dem Herzen, mit den tiefen Gefühlen vernetzt dargestellt.

Aristoteles vertrat die Meinung, dass die Seele ein Organ ist, die die potenzielle Kraft zu leben hat, als etwas, „dass das Ziel in sich trägt“. Er definierte jedoch auch, dass es sie ohne Körper nicht geben kann. Sie stellt das Wesen dar, das ein Lebewesen ausmacht. Er teilte sie in drei Teile auf: die vegetative (ernährende) Seele, die sensitive (wahrnehmende) Seele und die Geistseele als das Vermögen der Vernunft. Nur alle drei zusammen gehörten zum Menschsein.

Aristoteles vermittelt dabei ein sehr schönes Bild: Der neugeborene Körper ist wie eine unbeschriebene Schreibtafel. Erst mit dem Denken füllt sie sich. Aristoteles begründet es auf „das Einbrechen von außen auf den Geist“, was wohl doch etwas dramatisch formuliert ist. Es ist jedoch erstaunlich, dass schon er das Denkvermögen für die Bildung der Seele voraussetzt. „Das Denkvermögen, der Verstand, allein von außen hereinkommt und allein göttlich ist." zeigt die Verknüpfung mit etwas Höherem als das Leben selbst.

Es macht daher also Sinn, sich über die äußeren Einflüsse auf die Kinder oder die Beziehung zum Partner Gedanken zu machen und genau zu definieren, was man gern um sich haben möchte und was nicht.

Verstehen warum

“Ein Kind zu bekommen und ein Kind zu haben sind zweierlei.“ oder „Ich wünsche dir, dass deine Kinder mal genauso sind, wie du!“ oder „Man hat ja immer die Kinder, die man verdient.“

Rollen sich bei dir auch die Zehennägel hoch, wenn du so etwas hörst? Kennst du diese Sätze vielleicht sogar von deinen eigenen Eltern oder Schwiegereltern?

Dabei ist eine Schwangerschaft wunderbar. In Gedanken schaut man dabei gern in die Zukunft und stellt sich verschiedene Situationen vor: die ersten Schritte, das erste Wort, Schaukeln im Park, wie das Kind Fahrrad fahren lernt oder eingeschult wird. Während man nach dem Namen sucht, wünscht man dem Kleinen viel Kraft und Stärke, dass es den Stürmen des Lebens etwas entgegenzusetzen hat und dabei nicht untergeht.

Zu erleben, wie neues Leben entsteht und dabei diese erfüllende Nähe zu spüren, obwohl das Kleine noch nicht auf der Welt ist, ist einzigartig. Erinnerst du dich an den ersten

Moment, als du dein Kind das allererste Mal im Arm hattest? An diese tiefe Liebe und Ergebenheit? Hattest du vielleicht sogar das Gefühl, die Seele des Neugeborenen zu sehen und zu wissen, was einmal aus ihm wird?

Und dann geht das Leben los. Mit quasi nicht existierenden Nächten, mit einem Weinen, dem man so hilflos gegenübersteht, wie sonst nichts auf der Welt. Und gleichzeitig möchte man einen Schutzwall bauen, damit dieses kleine Wesen behütet aufwachsen und sich entfalten kann. Denn plötzlich wird einem bewusst, wie vielfältig und unerwartet äußere Einflüsse sein können. Den Gedanken, dass diese Einflüsse schädlich oder gar bedrohlich sein könnten, haben alle besorgten Eltern. Kinder bereichern das Leben. Aber sie zeigen uns auch unsere eigenen Grenzen auf. Es ist ganz normal, in dieser Situation die eigenen Regeln und Prinzipien zu überdenken und an die neuen Voraussetzungen anzupassen. Und es macht Sinn, dabei von den Erfahrungen anderer zu lernen.

Wie viele Tipps hast du bekommen, wie du alles „richtig“ machst? Und wie viele davon hast du ganz schnell wieder verworfen, weil du wusstest, dass sie nicht zu deinen eigenen Vorstellungen passen? Und ja, ich weiß, den ein oder anderen überlegt man sich später noch mal. Aber meistens nur, weil der eigene Plan scheinbar nicht mehr funktioniert, weil all die Dinge, die man sich zurechtgelegt hat, nicht gut genug zu sein scheinen.

Aus dem Bedürfnis, ein Leben mit Freude und Begeisterung zu gestalten, scheint sich die Begeisterung mehr und mehr davon zu schleichen. Die Mühlen des Alltags zermürben nachhaltig die Kraft, um alles in die gewünschten Bahnen zu leiten. Jede Entscheidung, die nicht das gewünschte Ergebnis bringt, jede Anstrengung, die fehlschlägt, scheint schwerer zu wiegen als die vorhergehende. Und man erkennt, dass der Weg, den man gehen wollte, in fruchtlosen Versuchen versinkt ohne, dass sich ein Neuer auftut.

Man fängt an sich zu fragen, warum es nicht läuft, wie gewünscht. Man fragt sich, warum Frustration und Enttäuschung und das Gefühl zu versagen plötzlich den Alltag dominieren. Woher kommt das und liegen die Gründe vielleicht sogar im eigenen Verhalten?

Um Lösungen zu finden, ist es wichtig zu verstehen, was da genau passiert. Erst dann kann man neue Wege gehen und Veränderungen akzeptieren. Das ist für die eigenen Beziehungen genauso wichtig wie für die Beziehungen außerhalb der Familie.

Ich erinnere mich noch gut daran, als ich mit meinem Mann abends zusammen saß und wir überlegten, welche Eigenschaften und welches Aussehen unser erstes Kind wohl haben würde. Dabei wurde schnell klar, dass das Aussehen ganz sicher vorbestimmt ist. Aber wie ist es mit dem Verhalten, mit der Seele?

Jede Religion hat da ihre eigenen Vorstellungen. Und doch haben sie eines gemeinsam: die Seele wird als der Teil beschrieben, der das Individuum einzigartig macht. Es ist der Teil von uns, der rettenswert ist, wertvoll und je nach Religion der Teil, der aufersteht.

Es ist also das, was uns ausmacht, was uns gut oder weniger gut sein lässt. Eine Anlage, die mit der Geburt vorhanden ist?

Nun, ich glaube daran, dass jedes Kind mit einer Seele geboren wird. Und diese Seele hat bereits eine grundlegende Persönlichkeit.

Für mich war dies eine bahnbrechende Erkenntnis. Ich kann mich noch sehr gut an mein Grübeln erinnern, das ich während des Aufwachsens unseres ersten Sohnes betrieb.

- Warum verhält er sich so?
- Wieso tut er das jetzt?

Seine Persönlichkeit passt so gar nicht in die unserer Familie. Tja, von wo auch immer er zu uns kam, wir haben uns zu lieben gelernt. Auf eine Art und Weise, die gern ich mit einem Beet vergleiche. Je nachdem, wie gut wir uns um dieses Beet kümmern, desto besser kann alles wachsen. Dabei ist es wichtig zu erfahren, wie man es richtig macht. Für ein Beet kann man sich an Büchern und Statistiken zu Wachstum und Wetter orientieren. Mit einem Kind ist es nicht ganz so einfach. Es gibt viele Bücher, viele Meinungen und wenn man nach Orientierung sucht, kann man sich in der Vielfalt schnell verlaufen.

Ich habe gelernt, dass ich nur dann mein Leben wertvoll gestalten kann, wenn es mir an nichts mangelt. Dabei möchte ich aber weder meine Kinder noch meinen Mann oder den Haushalt vernachlässigen. Es gilt, eine Balance zu finden, die das möglich macht.

Gesundes Essen, Schlaf, Musik und Lachen, Freude und Begeisterung fließen durch mich und mein Leben. Und damit auch durch das Ungeborene. Ich fühle mich geliebt und geborgen und das gebe ich ungefiltert in meinem Laib. Mein Kind wird in diese Zuversicht hinein geboren.

Für mich ist das Gott. Für dich vielleicht jemand oder etwas anders. Und das ist völlig ok, ich möchte niemanden bekehren. Die meisten glauben. Ob nun an Buddha, das Universum oder etwas anderes. Das Gefühl, dass es etwas Größeres als wir selbst gibt, etwas das uns wohl gesonnen ist und nur das Beste wünscht, hat jeder. Der Gedanke ist tröstlich und motivierend zugleich. Und er zeigt, wie wichtig es uns eigentlich ist, uns mit anderen zu verknüpfen, uns einbringen zu können. Zu helfen und sich in die Gemeinschaft zu integrieren, sind die menschlichsten Züge überhaupt, es ist ein Grundbedürfnis.

Diese kleinen Wesen, die in unsere Welt kommen, sind genetisch natürlich mit uns verwandt, erscheinen uns vielleicht aber manchmal als geistig Fremde. Sie stoßen tief in unser Innerstes vor mit all ihrer Energie. Ihr Wesen bereichert uns mit den eigenen Vorstellungen, mit einer bereits veranlagten Persönlichkeit, die durch uns Eltern verfeinert und hervorgehoben werden muss.

Früher war es üblich, nicht nur die Eltern, sondern wenn möglich den gesamten Stammbaum anzuschauen.

Oft ist mein Bruder Gegenstand solcher Gespräche, wenn wir in der Familie zusammensitzen. Er schlägt aus der Art. Er ist so bestimmt, so sicher und kann so schnell loslassen, wie sonst keiner. Als unser Opa väterlicherseits noch lebte, erzählte er aber oft, dass mein Bruder viele Eigenschaften hatte, die auch ein Onkel meines Opas besessen hatte. Natürlich nicht aller Umfasstheit. Aber es sind starke Parallelen da. Und wenn wir dann lachend alte Anekdoten erzählen, spüre ich oft, wie ich ihn als große Schwester erlebt habe, wie anders er mir damals schon vorkam. Er war beachtenswerter Weise auch der einzige von uns, der sich an Opa wandte, dessen Bezugsperson der Opa war.

Heute haben wir eine richtig gute Beziehung. Auch, weil wir beide verstanden haben, dass Verständnis und Empathie unsere Basis sind. Egal, welchen Lebensweg der andere eingeschlagen hat. Und lustigerweise erziehen wir beide unsere Kinder instinktiv nach diesem Verständnis.

Es macht mir bewusst, wie wichtig meine innere Einstellung ist. Gerade bei den Kleinen ist es wichtig, mich zu kennen und authentisch zu sein. Selbst, wenn ich Neues ausprobiere, bleibe ich bei meinen Basics, das worauf sich meine Familie und meine Kinder immer verlassen können. Werte kann man nur vermitteln, wenn man sie auch vorlebt. Auch kleine Ausrutscher werden gerade von den Kleinen sofort wahrgenommen und nicht selten ausgenutzt.

Um die Bedürfnisse der Kleinen herausfinden zu können, sind Klarheit und Ruhe meine wichtigsten Ratgeber. Auf diese Weise kann ich fokussiert sein und auch auf unerwartete Wesenszüge eingehen. Wenn die Emotionen an Grenzen gelangen, muss das in kindgerechter Sprache auch klar gemacht werden. Die Liebe zu meinen Kindern gibt mir dabei immer den Rückhalt.

Was sind Charakterzüge, die bei deinen Kindern so richtig „fremd“ sind? Und jetzt, wo du es dir im Detail anschaust, kannst du dir vorstellen, wie du neu mit dem Kind kommunizieren kannst? Welche Grundbedürfnisse eröffnen sich?

Mach dir Notizen, so kannst du später immer wieder hier hin zurückkommen.

Welche Erkenntnis hast du aus diesem Kapitel erhalten?

Nichts

____

____

____

____

Verstehst du das Verhalten deines Kindes nun besser?

____

____

____

____

Wenn ich unsere Kinder anschaue, sehe ich die wunderbaren Details, die sie von uns bekommen haben. Die Augen oder Haare vom Vater, seine Lippen, meine Grübchen, jedes hat eine bunte Mischung abbekommen. Und allein dafür liebe ich sie. Eines meiner Kinder lässt mich glauben, dass auch Sturheit vererbbar ist oder bei einem anderen das Bedürfnis, für andere zu sorgen. Das Nächste scheint mit der Einstellung „dagegen" geboren worden zu sein.

Oft kommen sie mit Geschehnissen des Tages nach Hause und versetzen mich in meine eigene Zeit in ihrem Alter zurück. Sie erinnern mich an meine Unzulänglichkeiten und alten Zweifel. Und einen Augenblick spüre ich dann tief in mir drin ganz genau, wie es ihnen gerade ergeht. Ich erinnere mich deutlich, wie ich damals versucht habe, die Situationen zu lösen. Wie ungern ich auf die Hilfe meiner Eltern zurückgegriffen habe und wie falsch das aus der Sicht der heutigen Erwachsenen ist. Nicht immer genügt es, den Kindern die eigenen Erfahrungen aufzuzeigen. Und ich habe es auch schon erlebt, dass Eltern dazu nicht in der Lage waren. „Das ist jetzt so.", „Weil ich es sage." und Ähnliches sind dann Aussagen, die Kinder nicht verstehen können. Es wäre vielleicht auch einfacher, den Dingen ihren Lauf zu lassen, den Kindern ihre eigenen Entscheidungen und Konsequenzen tragen zu lassen. Aber genau das wäre nicht wohlwollend. Jetzt kann man argumentieren, dass sie es ja so am besten lernen. Eigenverantwortung und Konsequenzen sind oft erzieherische Mittel. Aber der Druck und die Frustration, die dadurch entstehen können, werden selten von den Eltern oder Lehrern begleitet.

Wir sind alle die Summe unserer Erfahrungen. Wir werden durch die Erfahrungen unseres Umfeldes geformt. Und unsere Eltern haben uns nach ihren Erwartungen mit ihren Erfahrungen erzogen und geprägt.

Erwachsen werden heißt zu wissen, wie man erzogen wurde und sich trotzdem für etwas anderes zu entscheiden. Das ist und war nie wichtiger als heute. Wissen und Information sind zugänglich wie nie vorher. Das beinhaltet auch Fehlinformation und sich ständig ändernde Voraussetzungen. Während viele Erfahrungen unserer Eltern noch verständlich und gültig waren, können diese Erziehungsmethoden in der heutigen Zeit nicht mehr uneingeschränkt angewendet werden.

„Das haben wir schon immer so gemacht.“ war früher hilfreich, weil die Abläufe erprobt und zielführend waren. Heute aber bedeutet es auch, sich nicht darum gekümmert zu haben, ob es nicht doch etwas Besseres gibt.

Früher dachte man, Schläge dienen der Erziehung und erhöhen die Disziplin und den Gehorsam.

Heute wissen wir, dass der frühere Gehorsam oft nur tiefsitzende Angst war und die Gesellschaftsfähigkeit des Kindes durch Schläge in keiner Form verbessert wurde.

Doch wo zieht man die Grenze? Was tue ich, wenn mein Kind bockend und schreiend im Einkaufzentrum am Boden liegt? Was tue ich, wenn mein Kind keine zwei Minuten ohne mich auskommt und ich nicht mal duschen oder das WC ohne es benutzen kann? Wo beginnt, individuelle Erziehung zu Druck zu werden? Und erkenne ich es, wenn ich gerade selber aufgebraucht und vielleicht sogar überfordert bin?

Die ersten Monate

Die Aufgabe der Eltern ist die Kinder zu fördern.

In den ersten Monaten und gerade beim ersten Kind ist es eine große Herausforderung. Das Neugeborene kennt außer Schlafen und Schreien keine anderen Situationen. Wenn es Bauchweh hat oder nur aufstoßen muss, kann es das nicht einordnen. Es kann sich nur durch

Schreien bemerkbar machen. Als Mutter oder Vater weiß man dann aber nicht, was genau nun gerade los ist. Man arbeitet eine Liste ab, in der Hoffnung, möglichst schnell den Auslöser zu finden. Hunger ist immer die erste Priorität. Auch wenn der Rhythmus zu Beginn alle zwei oder drei Stunden sein kann, richtet man sich dieses jedoch recht schnell ein. Erst danach wird es kompliziert. Unsere Liste begann immer mit einem Windelcheck und ging dann über verschiedene Trage- und Streichelvarianten bis hin zu Tee und Fahren mit dem Kinderwagen, manchmal auch mitten im Wohnzimmer.

Meine Tochter ließ sich in den ersten Wochen am liebsten mit dem Kopf in der Hand und dem Bauch auf Unterarm herumtragen. Sie war unser drittes Kind, aber die erste mit dieser Vorliebe. Viele versuchten uns damals zu erklären, dass diese Stellung nicht förderlich sein kann oder wir unser Kind sträflich verwöhnen. Auch Vorwürfe, dass wir uns nicht gut genug um sie kümmern, mussten wir uns anhören.

Bei meinem ersten Sohn lag ich Nächte auf dem Boden neben dem Bett und streichelte ihn, weil es sich als sehr beruhigend für ihn herausstellte. Alle versuchten mir damals einzureden, dass ich ihn doch besser kurz stillen und dann noch etwas rumtragen sollte. Doch er wurde dabei nur noch mehr wach und war dann nur noch schwerer zum Schlafen zu bringen.

Meine Mutter war nach der ersten Entbindung bei uns zu Besuch und der Kleine wurde irgendwann wach. Zuerst quengelte er nur etwas. Doch schnell wurde aus dem Quengeln ein lautes Schreien. „Du darfst nicht gleich los rennen.“, sagte meine Mutter. „Babys müssen ab und zu schreien. Das gibt eine kräftige Lunge.“ Ich war entsetzt. Diese Aussage war auch danach noch oft ein Diskussionsthema, obwohl wir es geklärt hatten.

Ja, Babys schreien. Und ja, man muss nicht immer sofort springen. ABER: die Entscheidung, das Kind noch etwas schreien zu lassen, sollte nicht auf den Empfehlungen anderer beruhen.

Aufmerksame Eltern wissen schnell, wann das Schreien ein wirkliches Bedürfnis darstellt und wann es dem Wunsch nach Aufmerksamkeit entstammt. Und die Tatsache, dass das Kleine Aufmerksamkeit will, ist kein kategorischer Grund, diese zu verweigern. Aufmerksamkeit zu schenken hat nichts damit zu tun, dass man ein Kind verzieht. Durch die Aufmerksamkeit findet das gegenseitige Kennenlernen statt. Denn Neugeborene und Kleinkinder lernen.

Sie lernen jede Sekunde ihr Umfeld kennen, hören, was gesagt wird und wie, nehmen Stimmungen wahr und können sehr schnell zwischen Alltag und Besonderheiten unterscheiden.

Ich könnte viele Beispiele für solche Situationen anführen. Es gab viele Begebenheiten, bei denen ich mich fragte, wie ein so kleines Wesen meine Welt so sehr auf den Kopf stellen konnte. Manchmal schien es mir fast fremd und doch schien es meine ganze Welt in sich zu tragen. Es machte mein Leben wertvoll, es machte mein Leben vollkommen.

Mit den Erinnerungen an die unterschiedlichen Herausforderungen kommt auch dieses hilflose Gefühl wieder hoch. Es fühlte sich an, als wäre man mit Höchstgeschwindigkeit auf einer vollen Autobahn unterwegs. Nur, dass von einer Sekunde auf die andere die Fahrbahn aus frisch poliertem Eis bestand.

Wie lange hält man das aus? Und was kann man tun?

Uns hat eine klare Aufteilung sehr geholfen. Mein Mann nahm sich nach dem Nachhause kommen eine Stunde Zeit für sich. Danach gab es in der Regel Abendessen und dann hatte ich Zeit für mich. Verboten für mich in der Zeit waren Tätigkeiten wie Aufräumen, Putzen und ähnliches. Am Anfang war es nicht einfach, diese Pause anzunehmen. Heute bin ich dankbar dafür.

Die freie Zeit hat es mir ermöglicht, mich auch mit anderen Dingen zu beschäftigen. Ich konnte lesen und mich mit Freunden treffen. Auch wenn es oft nur mal schnell auf einen Kaffee war, hat es sehr gutgetan.

Diese Auszeiten gaben mir die Energie, mit Ruhe und Aufmerksamkeit auf mein Kind zu achten. Ich hatte genug Ressourcen und konnte mich voll und ganz auf das kleine Wesen einlassen und es kennenlernen. Durch dieses bewusste Hinschauen war es einfacher, ernste Bedürfnisse aufzufangen und dabei mit Geduld und Zuversicht zu reagieren.

Die Kommunikation war zu der Zeit nicht immer einfach. Und auch wir mussten uns umstellen. Wir haben gelernt, dass Probleme eine klare, sachliche Betrachtung brauchen, wenn wir Lösungen wollen. Und dass es Sinn macht, klar zu sagen, was gerade in dem Problem für einen selbst eine mögliche Lösung wäre. Bei diesem Prozess liegt der Fokus automatisch darin, das Problem zu lösen und der Raum für ausufernde oder emotionale Vorwürfe wird von vornherein eliminiert.

Natürlich macht es danach Sinn, darüber zu reden, wie man sich gefühlt hat.

Das ist notwendig, um das gegenseitige Verständnis zu fördern.

Ein weiterer Punkt war die gegenseitige Anerkennung und Dankbarkeit. Dabei ist es ganz wichtig, sich darüber im Klaren zu sein, dass es um mehr als nur um Belohnung geht.

Wir werden in der Erziehung durch alle Instanzen auf Dankbarkeit programmiert. Es geht darum, zu loben und gelobt zu werden. Das beginnt spätestens mit Sternchen und Fleißbienchen, geht über die Schulnoten und endet im beruflichen Umfeld mit monetären Boni. Selbst Verhalten wird belohnt. Wer nett ist, erreicht eher sein Ziel oder wird schneller bevorzugt. Und dabei kennt bestimmt jeder jemanden, der nach außen so tut, als wäre er nett, dabei aber nur gut zu verstecken weiß, wie bösartig er eigentlich ist.

Ehrlich empfundene Dankbarkeit hat nichts mit Belohnung zu tun. Es geht darum, Leben zu bereichern. Das eigene genauso, wie die Leben in unserem Umfeld. Und es zu tun, ohne eine Gegenleistung zu erwarten.

Es ist daher immer eine gute Idee, seinen Bekanntenkreis danach zu unterscheiden. Dabei fällt es oft schwer, Dankbarkeit und Bestätigung zu unterscheiden. Unser Bedürfnis bestätigt zu werden, ist tief in jedem verankert. Dabei geht es uns als Mensch eigentlich nur darum, unseren Standort in der Gruppe zu finden und ihn bestmöglich auszufüllen.

Aus diesem Bedürfnis heraus ist auf der anderen Seite die Bestrafung als Korrektur für unerwünschtes Verhalten entstanden. Dabei übersehen wir oft, aus welchem Bedürfnis heraus das Kind sich nicht so verhält, wie man von ihm erwartet. Es ist darum wichtig, dass der Erwachsene in der Beziehung genauer hinschaut, wo das eigentliche Problem liegt.

Wenn das Kind die Familie terrorisiert, liegt es selten daran, dass das Kind nicht richtig erzogen wurde. Es liegt vorrangig erst mal daran, dass das Kind seine Bedürfnisse noch nicht richtig einordnen kann. Oft sind die Kleinen mit einer kleinen Veränderung schon überfordert. Es ist ihnen aufgrund ihrer Erfahrungen nicht möglich, die Schlüsse zu ziehen, die für die Eltern selbstverständlich sind.

Dabei spiegeln die Kinder oft zusätzlich eigene Baustellen oder ungelöste Ereignisse, die die Eltern mit sich rumtragen.

Kommunikation

Kindgerechte Kommunikation, gerade wenn das eigene Gefühlsleben unruhiger ist, ist nicht immer leicht. Aber man kann es erlernen und sich eine Routine erarbeiten. Dabei gilt es, sinnvolle Basics aufzustellen. Bei Kleinkindern gibt es zwei starke Bedürfnisse: der Wunsch nach Autonomie und der Wunsch, als Teamworker anerkannt zu werden. Es möchte beitragen. Es führt einen kleinen Tanz auf, um dich aufzuheitern oder versucht, manchmal noch etwas unbeholfen, dir im Haushalt zu helfen. Da kann es schon mal passieren, dass dir dieser Beitrag nicht wirklich hilft. Nun ungehalten und ablehnend zu reagieren, macht aus dem Teamworker nach und nach einen zurückgezogenen Griesgram. Lasse es also zu, atme tief ein und führe und lenke ein wenig, du wirst es nicht bereuen. Denn, wenn eines der beiden obigen Bedürfnisse - oder oft leider beid - nicht befriedigt werden, ist das Kind schnell überfordert und fühlt sich gekränkt und somit beginnt die es, die Spirale abwärts zu rutschen.

Wenn es gestern zum Abendessen Joghurt gab, der heute nicht verfügbar ist, und das zu einem Wutanfall führt, ist es wichtig herauszufinden, was wirklich los ist. Wenn mehr als ein Kind involviert ist, wird das schnell zur Prinzipienfrage und als Elternteil muss man sich entscheiden, ob man mit der Einkaufsliste aller schnell noch mal los düst oder ob man die sehr starken Emotionen des Kindes aushält. Als Erwachsener ärgert man sich ja auch mal, dass etwas nicht verfügbar ist, ohne dabei gleich die ganze Nachbarschaft zusammen zu schreien. Dem Kind fehlt diese Kognition noch. Es kann nicht begreifen, dass es morgen wieder anders sein kann.

Für das Kind ist jetzt etwas nicht in Ordnung. Und in den meisten Fällen ist es nicht der erste Tagespunkt, der anders ist, als gewohnt. Das geht in lautem Geschrei, wütendem Schlagen oder Treten schnell unter. Daher ist es wichtig als erste Maßnahme, das Kind zu beruhigen und ihm zu zeigen, dass man das Unwohlsein sieht. Wichtig ist dabei, nicht zu bewerten, sondern zu spiegeln. „Du findest es doof, dass es keinen Joghurt gibt, das verstehe ich. Ich finde das auch doof." Zeige, dass du ihm gern helfen möchtest, zeige, dass du dein Kind siehst.

Höre aktiv zu und bleib ruhig. Alles andere treibt den Konflikt nur an. Die Ruhe durchbricht die Abwärtsspirale des Kindes und überträgt sich automatisch auf das Umfeld.

Nimm dir die Zeit herauszufinden, was wirklich passiert. Warum ist das Fehlen des Jogurts heute besonders schlimm? Was fehlt noch (alles)?

Auch wenn es schwer ist, die Frustration und die Wut in dem Moment zu ertragen, bleib standhaft. Die Entwicklung deines Kindes wird davon nachhaltig profitieren.

Es gibt eine Übung dazu, die mir gut geholfen hat. Vielleicht ist es ja auch etwas für dich. Eines meiner Kinder hat mich emotional oft erschöpft. Er hat laut geschrien, wurde beleidigend und versuchte am Ende immer, um sich zu treten und zu schlagen. Selbst beißen war möglich.

Wie sollte ich mein Kind beruhigen, wenn ich nicht in seine Nähe konnte, ohne mich selbst der Verletzung auszusetzen? Und was noch schwerer war, ohne dabei an Autorität zu verlieren?

Ich wusste, dass enge Umarmungen einen Erwachsenen aus einer Panikattacke holen konnten. Und genau das wollte ich nutzen.

Wenn sich die Situation zuspitzte, griff ich meinen Jungen an den Oberarmen und drückte sie an seinen Oberkörper, nicht zu stark, aber fest genug, damit er sich nicht einfach losreißen konnte. Ich stellte mir vor, wir stünden am Meer ein bisschen tiefer im Wasser und die Wellen versuchten ihn umzustoßen. Und genau diese Kraft wendete ich auch auf. Ich stellte mich gegen das Meer, nahm die Wellen und spürte unter meinen Fingern, wie sich mein Kind beruhigte.

Das klappte nicht immer, manchmal riss er sich auch erstmal los. Ich rannte ihm dann nicht nach. Bedürfnisse können am besten befriedigt werden, wenn man in der Nähe ist. Das wissen auch meine Kinder und kommen darum auch bei solchen Konflikten wieder in räumliche Nähe.

Wie kann ich die Kommunikation mit den Kindern verbessern?

Tue, was du tust, wenn du es tust

Gerade in Stresssituationen, wie eben beschrieben, ist Achtsamkeit unabdingbar. Nimm dich und dein Kind bewusst wahr. Nimm die Worte, die es benutzt, ernst und frage spiegelnd nach. Zeige in dem Moment, dass du ausschließlich hier und jetzt anwesend bist, dass es nichts Wichtigeres gibt, als sich um das Anliegen des Kindes zu kümmern.

Es gibt auch einfachere Situationen, in denen das Kind Bedürfnisse aufzeigt. Anziehen ist ein immer wiederkehrendes Ritual. Als Elternteil weiß man, dass sich das Kind anziehen kann, dass es vielleicht schon die Schuhe binden und sich die Mütze aufsetzten kann. Doch oft werden wir gerade in stressigen Momenten, zum Beispiel beim Abholen von der Kita, in zusätzlichen Stress versetzt, weil das Kind angezogen werden möchte. Bei dem Versuch, den Wunsch abzuwimmeln, erzeugen wir jedoch oft noch mehr Stress. Weil wir nicht achtsam sind, weil wir nicht im Hier und Jetzt sind.

Auch hier kann man die Herangehensweise von oben anwenden. Man muss herausfinden, was hinter dem Bedürfnis steckt, um es dann befriedigen zu können. Beim Anziehen geht es dabei oft um Nähe und Zärtlichkeit. Mit diesem Wissen kann ich dem Kind also eine Alternative anbieten. „Du lässt dich gern von mir anziehen, weil ich dann immer noch in den Arm nehme, stimmt's? Was hältst du denn davon, wenn wir das in Zukunft jeden Tag machen, wenn wir zuhause angekommen sind? Dann können wir dort in Ruhe kuscheln und stehen niemandem im Weg. Ich fände das toll."

Kinder überraschen uns ständig mit ihren Fortschritten und oft hat man das Gefühl, kleine Erwachsene vor sich zu haben. Damit aus ihnen aber vollwertige Erwachsene werden können, ist es wichtig, ihnen Raum zu geben.

Das kindliche Streben nach Unabhängigkeit kennt keine Vernunft oder Regeln. Es obliegt den Eltern, diese dem Kind in kindgerechten Schritten aufzuzeigen, ohne dabei Druck auszuüben oder die kleine Seele in vorgefertigte Schubladen pressen zu wollen. Mit der Energie der kindlichen Neugier ist es möglich, auf Grenzen einzugehen und diese verständlich zu machen.

Wie kann mehr Achtsamkeit in unser Familienleben bringen?

Selbstbewusstsein/ Selbstwert bei dir und deinem Kind

Der Grundstein für das Selbstwertgefühl wird in den ersten 6 Lebensjahren gelegt. Kinder, die oft kritisiert werden oder gehänselt werden, tendieren schon in jungen Jahren dazu, wenig Selbstbewusstsein zu entwickeln. Hauptverantwortlich sind dabei zuerst die Eltern. Je mehr jedoch die Einflüsse von außen zunehmen, sind es später auch Erzieher, Lehrer und andere Familienmitglieder.

Ein Missstand macht sich meist durch untypisches Verhalten bemerkbar. Mein Sohn kam eine Zeit immer sehr spät von der Schule heim und verkroch sich dann gern in sein Zimmer. Das war untypisch, normalerweise erzählte er mir sonst gern von seinem Schultag.

Als ich nachfragte, erzählte er mir, dass auf dem Schulhof größere Jungs waren, die ihn hänselten und er deswegen lieber außen rum ging, weshalb er später nach Hause kam. Ich hatte eine ähnliche Begebenheit in meiner Kindheit. Meine Mutter war damals aufgebracht zum Schuldirektor gelaufen, um sich zu beschweren. Die Eltern wurden eingeladen, es war viel Aufwand und doch änderte sich nichts. Im Gegenteil, es wurde schlimmer, bis ich mich irgendwann wehrte. Danach hatte ich Ruhe.

Ich erzählte meinem Sohn davon. Auch, wie ich mich gefühlt hatte, als meine Mutter eingriff. Und wieviel Mut es brauchte, wie oft ich mir vorgenommen hatte, mich zu wehren, bevor ich es tatsächlich umsetzte. Ich nahm mir auch die Zeit, mit ihm zu schauen, welche Möglichkeiten sich noch boten und konnte mit ihm zusammen einen besseren Weg finden.

Hänseleien und Mobbing sind oft der Beginn einer Abwärtsspirale, die man auch als Eltern nicht immer beeinflussen kann. Zu Ängsten und Selbstzweifeln gesellen sich schnell Rückzug, Frustration und im schlimmsten Fall Gewalt. Als Eltern ist es eine der schwersten Aufgaben, das Kind mit genug Selbstbewusstsein auszustatten, dass es sich jederzeit bewähren kann. Anerkennung und Lob sind dabei die Wichtigsten. Sie sollten jedoch nicht unangebracht sein.

Unsere Kinder hatten je nach Alter Aufgaben im Haushalt zu übernehmen. Wir haben ihnen dieselbe Aufmerksamkeit und Dankbarkeit zukommen lassen, die wir uns gegenseitig gaben. Das bedeutete, dass wir zum Beispiel auch dankbar sein konnten, wenn die Aufgabe nicht in der gewünschten Zeit erledigt wurde. Es hat die Kinder in dem Vertrauen, jederzeit zu uns kommen zu können, unterstützt. Mit den Aufgaben waren sie uns gleichwertig und konnten sich auch mit Ideen oder Veränderungen einbringen.

Vereine für Kunst oder Sport, je nach Interessensgebiet, haben sich auch als wertvoller Fundus für das Selbstbewusstsein unserer Kinder erwiesen. Sie waren gefordert und wurden gefördert. Ich erinnere mich noch gern an den Nachmittag, als unsere Kleine mit einem kleinen Pokal nach Hause kam. Sie nahm kurzfristig bei einem schulischen Schachturnier teil und erreichte den zweiten Platz. Sie hatte gerade erst begonnen, Schach zu spielen. Bei dem Tournier gab nur zwei Mädchen, der Rest waren alles Jungen. Und so konnte sie mit einem von neun gewonnen Spielen trotzdem den zweiten Rang erreichen.

Einer unserer Jungen entschied sich jedes Jahr für etwas Neues. Tischtennis, Fußball, Handball, Ju Jutsu, immer wurde es ihm schnell langweilig. Trotzdem haben wir ihn unterstützt. Mountainbike fahren war dann irgendwann das, was er bis zum Ende beibehielt. Das Ausprobieren von neuen Dingen erfordert auch Mut. Darum ist es nicht wichtig, was sie machen. Wenn sie unentschlossen sind, ist das halt so. Wichtig ist aber, dass die Kinder jederzeit zuhause Unterstützung erfahren.

Dabei passieren natürlich auch Fehler. Und wenn Kritik angebracht ist, muss sie auch geäußert werden. Damit Kritik bei der Kindesentwicklung helfen kann, ist es wichtig, sie richtig zu formulieren.

Einer unserer Söhne war in der „ersten Dagegen- Phase“. Ich nenne sie so, weil die Kinder im Alter zwischen vier und sechs gern gegen alles rebellieren. Es ist das Alter, wenn ihnen zum erstem Mal Grenzen begegnen und sich viel Wut und Frustration in den kleinen Körpern aufbaut. Es gibt noch eine zweite „Dagegen- Phase“, wenn sie Teenager sind und scheinbar alles besser wissen, darum „erste“.

Er hörte gern ein bestimmtes Lied, und wenn ihm etwas nicht passte, stellte er es gern ganz laut. Wir hatten zu der Zeit Nachwuchs und das Baby brauchte seine Schlaf- und Ruhephasen. Laute Musik war also sehr „dagegen“. Und mit vier war ja schließlich auch schon groß und wusste genau, was er wollte. Was er nicht wollte, war mir sagen, was los ist. Und die Musik wollte er auch nicht leiser stellen. Es fiel mir wirklich schwer, aus meinem eigenen Stress mit dem Neugeborenen heraus genügend Ruhe für so viel Ungehorsam zu finden, zumal er ja eigentlich nicht so war. Ich entschied mich also, auf ihn zuzugehen. Ich fragte nach, ob das jetzt sein neues Lieblingslied war und was er daran so toll fand. Und mit diesem Gespräch fand ich dann auch heraus, was los war. Ein Baby im Haus, das nichts kann, als schreien, fand er schrecklich. Und auch, dass wir weniger Zeit für ihn hatten. Wir einigten uns auf feste Zeiten für laute Musik und auf Kopfhörer, wenn er das Bedürfnis nach lauter Musik hatte. Laute Musik war dann nur noch kurz ein Thema für ihn. Denn ich hatte mir die Zeit genommen, ihn gesehen, verstanden, kritisiert und trotzdem gestärkt.

Ein nicht zu vernachlässigender Punkt sind Regeln und Strukturen. Auch wenn es manchmal leichter scheint, wenn man sie bricht, so zeigen sie doch Verlässlichkeit auf. Wenn ich diese aus eigenem Antrieb breche, zerstöre ich das Gefühl der Zuverlässigkeit und nehme meinem Kind damit Selbstbewusstsein. Jede Handlung muss konsequent an den eigenen Vorgaben orientiert sein. So zeige ich, dass sich mein Kind auf mich verlassen kann, auch, wenn es mal schwieriger wird.

Ein weiterer Punkt sind Bewertungen und Vergleiche. Der eine lernt schneller, der andere ist größer, der nächste sieht besser aus. Bei den Kindern ist es wie bei den Erwachsenen.

Keiner ist wie der andere. Jeder hat Stärken und Schwächen. Wenn ich mein Kind stärken möchte, hebe ich die Stärken hervor und zeige ihm, wie man mit den Schwächen umgeht. Vergleiche haben meist nur zur Folge, dass das Kind zum Lemming wird. In dem Bestreben, so zu sein, wie andere, geht die Persönlichkeit unter. Das ist für die Lemminge tödlich, und sicher nichts Erstrebenswertes für die eigenen Kinder.

Ehrlichkeit ist ein weiterer, wichtiger Punkt. Natürlich soll man einem Kind nicht alles erzählen. Aber es wichtig, Inhalte kindgerecht zu kommunizieren, vor allem, wenn das Kind fragt. Es ist oft nicht leicht, eigene unschöne Erfahrungen weiter zu geben. Aber wir haben damit auch die Chance zu zeigen, wie man damit umgehen kann. Erfahrungen aus Leid und Schmerz sind gerade bei Kindern prägend. Durch das Erzählen der eigenen Erfahrungen und das Erklären von möglichen Abläufen, Wünschen und den Emotionen dazu, ermögliche ich es meinen Kindern, eine schwierige Situation besser zu meistern.

Damit Kinder eigenes Selbstbewusstsein entwickeln können, ist es wichtig, das Vertrauen in eigene Entscheidungen zu fördern und ihnen die Sicherheit zu geben, dass sie zuhause immer aufgefangen werden.

Bei unseren Kindern fragen wir oft, wie wir helfen können, welche Lösungen für sie funktionieren würden. In der Regel haben wir dann bereits Lösungen, die wir anbieten. Wir zeigen dabei auf, warum uns diese Lösungen als plausibel oder vielversprechend erscheinen. So lernen alle Kinder, dass es meistens mehr als eine Option gibt und es eine gute Idee ist, sich zu informieren und zu prüfen, was man warum machen möchte.

Je älter die Kinder werden, desto öfter begleiten wir den Weg der Entscheidungsfindung mit Fragen und geben weniger Lösungen vor. Auch hier haben wir die Erfahrung gemacht, Kinder auch mal Fehler machen lassen zu müssen, selbst wenn man es besser weiß. Wir haben unsere Kinder dann jedoch stets nah begleitet, um am Ende sein gewünschtes Ziel zu erreichen.

Wie kann ich das Vertrauen in die eigenen Entscheidungen fördern?

Stressmanagement

Die Situationen, die uns als Eltern am meisten stressen, sind oft auch Situationen, in denen das Verhalten des oder der Kinder unsere eigenen Baustellen oder ungelöste Ereignisse widerspiegeln. Es scheint immer nach Murphys Gesetz zu funktionieren und die größten Herausforderungen erreichen uns, wenn wir sowieso schon höher drehen. Müdigkeit und Hunger scheinen uns gerade dann noch mehr auszuzehren. Ein Krake würde unseren Job in diesen Momenten wohl besser machen, als wir selbst. Aber auch hier gilt es: zurück zur Routine. Kümmere dich um dich selbst, damit du dich um andere kümmern kannst. Dann finde heraus, welches Bedürfnis gerade im Vordergrund steht. Höre im Hier und Jetzt, was dein Umfeld wirklich braucht.

Ich weiß, es ist nicht einfach, sich selbst in all dem nicht zu vernachlässigen. Die eigenen Bedürfnisse reduzieren sich auf „nur kurz mal in Ruhe duschen" oder „einen Moment im Bad allein sein zu können". Dabei wäre der Wunschzettel länger als der des Weihnachtsmannes zu Weihnachten.

Manchmal helfen Kleinigkeiten. Ich habe eine App mit Meditationsklängen auf dem Telefon, die ich vor allem während des Stillens oft genutzt habe. Außerdem bin ich, wann immer möglich, mit den Kindern raus. Lange Zeit lag ja immer mindestens eines im Kinderwagen. Die Spaziergänge taten mir gut und die Kinder konnten sich austoben.

Außerdem habe ich ein paar Gerichte vorgekocht und eingefroren. Ich kenne es noch von zuhause, dass man „richtig" kocht. Fertiggerichte waren verpönt. Heute weiß ich, dass sie auch ungesund sind. Hinzu kommt, dass Personen, die regelmäßigem Stress ausgesetzt sind, anfälliger sind. Mit ausgewogener Nahrung kann ich aktiv gegensteuern. Das Vorkochen befriedigte damit zwei meiner Grundbedürfnisse. Das gab mir Ruhe und Zuversicht, im Ausnahmefall gut vorbereitet zu sein. Und als Eltern weiß man: Ausnahmefälle sind mit kleinen Kindern eher die Regel.

Motivation statt Befehle

Der Schritt vom Schlagen mit dem Rohrstock zu einem motivierenden Miteinander ist menschheitsgeschichlich gerade erst vollzogen wurden. Die Einsicht, Menschen nach ihren Fähigkeiten zu fordern und zu fördern, war längst fällig. Das Verständnis von Kommunikation und gesundem Miteinander und die Weiterentwicklung dessen dauern immer noch an. Mentales Training, Achtsamkeit und bedürfnisorientiertes Verhalten zu anderen und uns gegenüber sind erst der Anfang.

Wir leben in einem Informationszeitalter. Was auch bedeutet, nicht mehr alles aufnehmen oder auf Wahrheit prüfen zu können. Doch es gibt uns auch die Möglichkeit, persönliche Interessen zu vertiefen und Hilfe suchen zu können, wenn das eigene Wissen an Grenzen stößt.

Motivation statt Kritik oder Befehle, das ist eine eherne Herausforderung, vor allem, wenn man anders erzogen wurde. Konsequenzen und Strafen waren die bevorzugten Mittel aller Generationen vor uns. Den Wandel in uns und mit den Kindern zu vollziehen heißt, Neuland zu betreten. Tief in uns drin spüren wir alle die Sehnsucht, mit Wohlwollen und einem

Übermaß an Liebe erzogen worden zu sein, egal, wie es wirklich war. Und genau diese tiefe Sehnsucht öffnet den Weg, es bei den eigenen Kindern anders zu machen. Und auch wenn sich das Zurückfallen in anerzogene Muster nicht immer vermeiden lässt, so lernen wir doch mit jedem Versuch, besser zu werden und können uns wieder einen Schritt weiter auf unseren Wunsch hinbewegen.

Motivieren heißt nicht, keine Kritik zu üben, keine Grenzen zu setzen oder nicht auch mal ein Machtwort sprechen. Es sollte jedoch jederzeit angemessen und sachlich sein. Ansonsten bleibt der Kooperationswille des Kindes auf der Strecke. Kinder rebellieren, weil sie ihre Grenzen austesten, weil sie sich gekränkt oder überfordert fühlen.

Jedes Kind möchte jedoch auch ein Teamplayer sein. Und genau dabei kann man als Elternteil behilflich sein und das Kind dabei begleiten.

Kinder sollten sich unsere Anerkennung nicht verdienen müssen. (Alfie Kohn)

Es ist also wichtig, die Motivation zu finden. Wir müssen unseren Kindern zeigen, dass wir sie wahrnehmen. Das funktioniert, wenn wir altersentsprechend darlegen, warum es uns wichtig ist, dass sie helfen und verschiedene Aufgaben erledigen.

Ich habe das Erledigen der Aufgaben gern mit etwas verglichen, dass meine Kinder mochten. Unsere Tochter malt gern. Das Aufräumen der Stifte war am Anfang eine Kriegszone. Ich male und zeichne auch gern. Meine Stifte sind sortiert in Bechern und Etuis. Also zeigt ich ihr, was ich so toll daran fand, dass die Stifte jederzeit unversehrt zur Verfügung standen. Ich zeigte ihr, dass ich es mochte, wenn sie nach Farbe und Art sortiert waren und erklärte ihr auch warum. Als wir dann wieder bei ihren Stiften waren, sagte sie: "Weißt du, die kleinen Hände von meinem jüngeren Bruder bekommen so ein Etui noch gar nicht auf. Das heißt, er kann mir die Stifte von jetzt an nicht mehr wegnehmen." Sie hatte auf ihre Art verstanden, warum sie die Stifte besser wegräumte.

Auch für die verschiedenen Aufgaben im Haushalt nahm ich mir am Anfang viel Zeit. Kinder verstehen das Prinzip Ordnung und Sauberkeit am Anfang nicht. Wir bringen es ihnen nach der eigenen Erziehung bei.

Ich „musste" einfach, weil ich „alt genug" war. Das kommt vielen wahrscheinlich sehr bekannt vor. Und nur zu sagen, dass es ja dann schöner ist, genügt keinem Kind. Ich verglich unser Zuhause mit einem Urlaubsort. Ich erinnerte sie, wie gern sie auf den so hübsch gemachten Betten getobt haben und sich über das Spielzeug dort gefreut hatten. Und dann erklärte ich, dass man das zuhause auch haben kann. Man muss nur selbst dafür sorgen.

Wenn es dann trotzdem nicht klappte, haben wir immer nachgefragt. Und wenn es nötig war, haben wir die Abmachungen angepasst.

Etwas schwieriger waren die Teenager- Zeiten, vor allem bei den Jungs. Alles war ihnen wichtiger, alles machte mehr Spaß und sie fanden gern Ausreden. Aber so kreativ sie bei den Ausreden waren, so kreativ waren wir in den Restriktionen. Folgende Beispiele sind keine Heldentaten und nur zur Nachahmung geeignet, wenn man sich der Folgen bis zum Schluss voll bewusst ist.

Unser Ältester meinte, unsere die Zeiten des abendlichen Ausgangs selbstständig ausdehnen zu können. Wir sahen das anders, aber er kam regelmäßig zu spät. Eines Freitagabends im Winter, es war so richtig kalt draußen, beschlossen wir, die Haustür zu der Zeit, zu der zurück sein sollte, abzuschließen. Wir ließen die Läden runter und machten es uns auf dem Sofa bequem. Natürlich kam er zu spät. Da der Schlüssel von Innen steckte, kam er nicht rein. Er versuchte es mit Klopfen und Klingeln und wir ließen ihn einen Augenblick draußen in der Kälte stehen. Dann schlossen wir ihm auf und taten ganz erstaunt. Das war doch unser Sohn, der da vor der Tür stand? Fragten wir ihn. Der Sohn, der doch längst oben in seinem Zimmer sein sollte, weil es ja die Uhr lesen konnte. Der Sohn, der sich darüber im Klaren war, dass mit uns eine Abmachung hatte? Er bejahte und nachdem er sich entschuldigt hatte, ließen wir ihn endlich ins warme.

Natürlich haben wir uns an diesem Abend sehr viel Zeit genommen und ihm zum Beispiel im Detail erklärt, welche Sorgen wir uns machen, wenn er nicht zur verabredeten Zeit erscheint. Wir haben ihn als Ältesten auch auf seine Vorbildrolle aufmerksam gemacht und erklärt, was es für ihn für Konsequenzen hätte, wenn wir so nachlässig mit seinen Terminen umgehen würden. Die Maßnahme wirkte.

Unsere Tochter hatte sich verliebt. Der Junge war unzuverlässig und manipulierend. Mahnungen und Erinnerungen schoben unsere Tochter aber immer weiter weg von uns. Sie warf uns vor, wir würden ihre Liebe nicht akzeptieren und würden uns nur gegen sie stellen, weil wir nicht verstanden, dass sie doch alt genug wäre. Sie traf mit diesen Vorwürfen natürlich auch unsere eigenen Ängste und wir mussten darum auch abklären, wie viel davon zutraf. Als wir das geklärt hatten, machten wir ihr ein Angebot. Wir wollten über das Wochenende wegfahren und sie brauchte nicht mit uns zu kommen. Sie musste telefonisch erreichbar sein und Partys waren natürlich tabu. Wir waren knapp eine Stunde entfernt und baten meine Schwester im Notfall sofort da zu sein. Ich muss ehrlich sagen, wir konnten unseren Theaterbesuch nicht wirklich genießen. Ständig waren wir in Sorge und erwarteten jederzeit, dass das Telefon klingelte. Doch es blieb den ganzen Abend still. Bangen Herzens fuhren wir am nächsten Morgen zurück, voller Sorgen, was uns erwartete. Wir wurden von einem erleichterten Kind empfangen, das sich sogar die Mühe gemacht hatte, das Mittagessen zuzubereiten. Zum Essen erschien auch meine Schwester. Zusammen mit unserer Tochter erzählten sie uns, was passiert war. Wie erwartet hatte sich der Freund unzuverlässig und übergriffig verhalten. Unsere Tochter erkannte das und lief über die Straße zu meiner Schwester. Mit deren Hilfe wurde der junge Mann nach Hause verfrachtet. Wir waren erstaunt, wie wenig nette Worte unserer sonst so netten Tochter dabei über die Lippen kamen.

Wir waren auch stolz, dass sie die Verantwortung übernommen und sich für sich eingesetzt hat und haben ihr das auch ganz unmissverständlich gesagt.

Ein neues Hobby kann für Kinder und Erwachsene eine Herausforderung sein. Es ist jedoch eine sehr gute Methode, Vorbild zu sein. Wann immer du dich als Erwachsene etwas Neuem stellst, lass deine Kinder teilhaben. Manches kann man sogar gut vorher mit ihnen besprechen. Es gab zum Beispiel eine Zeit, da wollte ich dem Häkeln und Stricken eine Chance geben. Ich kannte es von meiner Oma, konnte mich aber nie dafür begeistern. Ich erzählte beim Abendessen davon. Die Reaktionen waren gemischt. Doch bestärkten sie mich, durchzuhalten. Als mir etwas wirklich nicht gelungen war, wurde ich sogar getröstet. Als ich es am Ende verwarf, weil ich mich immer wieder verhedderte, bekam ich Anerkennung. Mal mit mehr mal mit weniger Mitleid, aber alle fanden es toll, dass ich es versucht und mich wirklich angestrengt habe.

Ich bin heute überzeugt, dass gerade der Einsatz und auch der Verzicht in den jungen Jahren unsere Kinder derart geformt haben. Wir haben es uns selten leicht gemacht, waren trotzdem oft streng und konnten nur selten nachgeben. Schlaflose Nächte, terrorgleiches Schreien, Ungehorsam und allen „Dagegen-Phasen“ zum Trotz sind unsere Kinder gut gelungen. Sie können sich durchsetzen, wenn nötig, sind dabei aber nicht auf Streit aus. Sie kennen ihre Bedürfnisse und können diese auch formulieren, ohne dabei verletzend oder egoistisch zu sein. Sie sind Lösungsfinder geworden, die uns auch heute noch überraschen.

Welches Problem kann ich mit dieser Motivation/ Einstellung nun lösen?

____

____

____

____

Zeitmanagement

Das alles ist nicht zu bewältigen, wenn man sich nicht organisieren kann. Eine Absprache aller betroffenen Parteien ist dabei zwingend. Die Teilnahme an außerschulischen Veranstaltungen, Kursen und Gemeinschaften ist dabei genauso wichtig wie die Termine der Erwachsenen. Die Selbstpflege ist dabei unabdingbar, um selbst genug Energie zu haben.

Wie vorgängig schon beschrieben, hatten mein Mann und ich bereits zu Beginn eine feste Vereinbarung. Je grösser eine Familie ist, desto anspruchsvoller wird jedoch die Planung. Jedes Mitglied hat seinen eigenen Rhythmus. Der eine ist morgens gleich fit, der nächste hat eine Anlaufphase. Manche sind abends aktiv, einige sogar nachts. In diesem Chaos gilt es, Prioritäten zu setzen. Hör auf, in allem perfekt sein zu wollen.

Ich konnte früher erst aus dem Haus gehen, wenn alles penibel sauber und aufgeräumt ist. Versuch das mal mit vier Kindern. Das klappt einfach nicht. Ich habe gelernt, Aufgaben zu verteilen, auch mal was zu streichen und immer Puffer einzuplanen. Mit kleinen Kindern kommt man immer zu spät oder zu früh. Daran ist nichts Verwerfliches. Prioritäten setzen heißt, klar zu entscheiden, was für das Familienleben unabdingbar ist, was sein muss und was sein kann. Es kommt einer Triage auf einem Schlachtfeld gleich. Nur die mit der besseren Überlebenschance werden verarztet und gepflegt.

Außerdem gewinnen die Dinge, die in der Familie zu Spaß und Freude führen, an Wichtigkeit. Man lernt, die eigenen Wünsche in die der Familie zu integrieren. So gehen wir zum Beispiel getrennt in die Sauna, wenn wir in einem Freizeitbad sind. Auf diese Weise hat die Familie Spaß und wir Erwachsenen trotzdem unseren Ausgleich. Im Urlaub organisieren wir mindestens einen kinderfreien Abend, um gemeinsame Erinnerungen zu schaffen. Die Großeltern haben einen festen Raum in unserer Planung. Nicht, um die Kinder abzuschieben. Omas und Opas sind nicht nur günstige Babysitter. Sie sind Teil unserer Familiengeschichte und wir möchten, dass sie ihre Enkel aktiv erleben können. Es ist uns ein Anliegen, der Familie den Raum zu geben, miteinander zu wachsen. Die Erfahrung zeigt uns, dass dieser Raum nicht statisch ist. Mit dem Auslagern von allgemeinen Zielen wie zum Beispiel das Einstellen des Jungen, der den Rasen mäht oder einer Haushaltshilfe für begrenzte Zeit, kann man schnell wieder Ordnung schaffen.

Hier ein paar hilfreiche Ideen

- Entscheide, was wichtig ist. Plane die Erledigung der Aufgaben nach dieser Priorität.
- Verteile die Aufgaben auf mehrere Personen, lass dir helfen
- Nimm Rücksicht auf die Talente und Stärken. Verteile die Aufgaben so, dass die Person sie auch erledigen kann.
- Sei nicht perfekt. Aufräumen ist wichtig, es muss aber nicht aussehen wie in einer „Schönen- Wohnen“- Doku
- Bleib flexibel. Plane Termine mit genügend Vor- und Nachlaufzeit.
- Vergiss dich nicht. Pflege dich und deinen Partner.
- Koche vor und/ oder erstelle einen Menüplan für die kommende Woche
- Trenn dich von Unnützem. Das bringt Ordnung und Ruhe.
- Wenn du bei einer Planung oder einer Aufgabe zweifelst, ob sie noch in den Terminkalender passt, tut sie es ganz sicher nicht. Du musst nicht immer zusagen. Nutze das.

Wie plane ich meinen Tag, um mehr Harmonie in der Familie zu erreichen?

Gesundheit

Ich habe es schon erwähnt. Nur, wenn wir selbst heil sind, können wir uns um die anderen kümmern. Das bedeutet, sich selbst an oberste Stelle zu setzen ist nicht grundsätzlich egoistisch. In Zeiten von Fertignahrung, Fastfood und Termindruck wird dieser Anspruch schnell zu einem Spagat.

Eine Mutter mit einem Hochleistungssportler zu vergleichen liegt vielleicht nicht nahe, ist aber gar nicht so falsch. Der Sportler weiß, wie viele Kalorien er beim Training verbrennt und was er dann zuführen muss, damit der Trainingseffekt nicht verpufft. Mineralien, Salze, Spurenelemente oder Proteine sind die Bausteine, die er dafür nutzt.

Als Mutter muss ich jetzt also auch noch zum Ernährungswissenschaftler werden? Dabei ändert sich gerade auf diesem Gebiet gerade so viel, wer soll da hinterherkommen? Nun ja, der Ansatz ist nicht falsch. Aber zu wissen, was man isst, trägt zur Gesundheit aller bei.

Wenig Zucker, wenig Fett, nicht zu viel Salz, bei Bewegung auch Kohlenhydrate....das haben wir doch schon gehört. Darmkrankheiten sind heute in aller Munde und es ist mittlerweile bewiesen, dass die Bakterien im Darm durch falsche Ernährung ihren Dienst versagen. Genau so ist belegt, dass der Wasserhaushalt immer gut ausgeglichen sein muss. Es ist belegt, dass genügend Flüssigkeit dafür verantwortlich ist, dass unser Blut genügend Sauerstoff in den Kopf und in den Körper transportieren kann. Selbst den früher so verteufelten Kaffee wurden heute gute Manieren bewiesen: Er sorgt zum Beispiel bei Dauerstrass dafür, dass Mechanismen im Gehirn blockiert werden, die vergesslich oder ängstlich machen. Er könnte also vor psychischen Erkrankungen schützen.

Wie gehe ich das also an mit der Ernährung?

Es gibt auch hier Allgemeingültiges, an dem man sich gut orientieren kann: Abwechslung und möglichst frische Produkte. Dazu selber kochen. Hunger kostet uns zusätzliche Energie, er lässt uns unruhig werden und nimmt uns die Geduld. Er verlangsamt alle Prozesse und raubt die Widerstandskraft. Hunger steuert auch die Stimmung und kurbelt den Stress zusätzlich an. Mit nährstoffreicher Ernährung können wir ihn in Zaum halten.

Nüsse, Avocados oder Fisch sind dabei die kleinen Helfer. Sie machen nicht nur satt, sie stärken uns auch.

Vollkorngetreide, Obst und Gemüse helfen, konzentriert zu arbeiten, weil sie über längere

Zeit den Körper gleichmäßig mit Energie versorgen. Außerdem enthalten kohlenhydratreiche Lebensmittel Ballaststoffe, die eine gesunde Darmflora fördern.

Proteine finden sich in Joghurt, Quark oder Geflügel. Ihr Eiweiß ist im wahrsten Sinne Nervennahrung. Sie sind verantwortlich für Reparatur und Instanthaltung der Zellen und für das Wachstum. Das enthaltene Kalzium ist außerdem wichtig für Knochen und Zähne. Wichtig ist nicht nur, was wir essen, sondern auch wie. Entgegen dem alten Spruch: „Wer langsam isst, der arbeitet auch langsam" sollte dem Essen Aufmerksamkeit zukommen. Tue was du tust, wenn du es tust. Sei achtsam. Schnelles Essen kann zu Magenverstimmungen, Aufstoßen oder Sodbrennen führen. Da die Verdauung bereits im Mund mit dem Speichel beginnt, verhindert zu schnelles Essen eine vollständige Aufnahme der Nahrung und führt damit zu weiterem Stress, weil dadurch auch schneller wieder Hunger einsetzten kann.

Ich kann nur empfehlen, sich, wie früher auch üblich, ein Rezeptbuch zuzulegen. Das kann man auf die Wünsche aller ausrichten und hilft, falls es schnell gehen muss.

Lass nicht zu, dass auf dir herumgetrampelt wird

Gerade in Erziehungsfragen haben Außenstehende oft das Gefühl, sie müssten mit gutem Rat zur Seite stehen. Müssten aufzeigen, was man macht und warum und was denn bloß die Anderen davon halten. Und oft helfen dann keine Erklärungen oder fachliche Hinweise, egal mit welchen Engelszungen sie vorgetragen werden.

So, wie es wichtig ist, das Selbstbewusstsein des Kindes zu stärken, so wichtig ist es in diesen Fällen, sich der eigenen Vorstellungen und Ansprüche bewusst zu sein. Es genügt nicht, zu wissen, was man anders macht. Man muss herausfinden, was einem wirklich wichtig ist in der Familie, in was für einem Haus man leben möchte, und wie man das erreichen will. Je klarer man die eigenen Ziele kennt, desto leichter kann man diesem Flüstern widerstehen. Wer sich selbst kennt und seinen Weg zu beschreiten weiß, ist nicht auf die hinterhältige Hilfe Fremder angewiesen. Und wenn du noch nicht ganz so weit bist, wenn du vielleicht gerade erst das Haus baust, indem du leben willst, dann bleibe einfach bei diesem Plan. Die weiteren Details kommen, je weiter der Bau gedeiht.

Dabei kann es vorkommen, dass die Gesamtsituation die eigenen Kapazitäten ausschöpft. Sich zu organisieren und eine Familie zu betreuen, erfordert viel Energie. Zusätzliche Aufgaben kann man dann eigentlich nicht gebrauchen. Da wir jedoch zu Höflichkeit erzogen wurden, fällt es nicht immer leicht, „nein“ zu sagen. Wenn die Schule fragt „Können Sie Kuchen backen?“ oder in der WhatsApp-Gruppe dringend ein Fahrdienst gefragt ist, muss man dann nicht helfen? Nein, muss man nicht. Und es ist durchaus legitim, keine Begründung zu einer Ablehnung anzugeben. Es genügt, wenn man „Nein, mir ist es -zu dem Termin- nicht möglich, zu helfen.“

Niemand hat das Recht, dein Leben zu bewerten. Niemand hat das Recht, es in Frage zu stellen. Nur du allein trägst die Verantwortung und die Konsequenzen. Daher solltest du sicherstellen, dass die Entscheidungen, die du triffst, deine eigenen sind und deinem Wohl dienen.

Zu was sage ich jetzt „nein" und fühle mich danach entspannter?

Klare Regeln - So entsteht Freiheit

Klare Regeln und Kinder, geht das? Diese Frage lässt sich ganz klar mit einem „Ja“ beantworten. Klare Regeln sind das, was einen vor dem Absturz ins Chaos rettet. Bei dieser Frage geht es vor allem darum, eine Basis zu schaffen, die immer verfügbar ist, der Kern, der die Familie definiert und zusammenhält. Sie sind auch die Mauer, die die eigene Familie vor unliebsamen Einflüssen schützt.

Die Einstellungen und Weltansichten prägen die Familie und die Regeln, die sie damit manifestiert. Das sind Kleinigkeiten wie Haustiere, Wichtigeres wie Essgewohnheiten und Essenzielles wie die Einstellung zur Gemeinschaft. Jede Familie hat ihre eigene Mischung und jede neue Generation formuliert sie wieder um.

Manches übernehmen wir dabei, weil der Nutzen eindeutig ist. Anders wandeln wir ab, um es der Zeit anzupassen. Und Einiges werfen wir über Bord, weil es weder zu unseren Ansichten und Einstellungen noch zu unseren Wünschen passt. Diese Regeln bilden sich automatisch mit der Neugründung einer Familie. Sie unterliegen deren Veränderung, bleiben den Werten aber immer ergeben.

Mit der Verlässlichkeit bilden sie auch die Grundlage für weitreichende Entscheidungen. Sie weisen immer die richtige Richtung und erleichtern damit die Prozesse. Sie ermöglichen es, klar und fokussiert zu handeln.

Welche Regeln formuliere ich, um einen reibungsloseren Familienalltag zu erschaffen?

___

___

___

___

Wenn es doch mal schiefgeht

Immer, wenn wir neue Prozesse erlernen, machen wir auch Fehler. Das ist nur natürlich und gehört dazu. Ein Sprichwort sagt: „Der Meister ist tausendmal öfter aufgestanden, als sein Lehrling gefallen ist.“ Solange man daraus lernt und den Fehler nicht wiederholt, ist es immer ein Fortschritt.

Die Gesprächsführung mit dem Kind kann man lernen. Der Grundsatz ist, das Bedürfnis herauszufinden und zu verstehen. Immer, wenn sich Stress anbahnt, gibt es einen Konflikt. Ruhe und Ausgeglichenheit erleichtern es Eltern und Kind, offen zu kommunizieren. Wer Bewertungen weglassen und zuhören kann, ist bereits auf einem sehr guten Weg.

Wenn die Sicherung dann doch mal geplatzt ist und man lauter wurde, ist es wichtig, das Ganze dann auch wieder aus der Welt zu schaffen. Bei Stress ist der Verstand langsam unterwegs, er macht uns dumm. Das kann man so natürlich nicht dem Kind erklären, aber es hilft, für sich selbst wieder Ruhe zu finden. Gegen diese Aussetzer hilft nur Achtsamkeit. Und diese hilft auch, das Ganze hinterher für sich selbst zu analysieren.

Kinder wie auch Erwachsene lassen sich nicht gern anschreien. Es hinterlässt oft ein unangenehmes Gefühl, das bis zum gefühlten Missbrauch reichen kann. Wenn man Fehler macht, sollte man daher sich auch entschuldigen können. Für das Kind ist es wichtig zu erklären, was passiert ist. So, wie es selbst mit seinem Verhalten um unsere Aufmerksamkeit buhlt, damit wir es sehen, verstehen, was bei ihm gerade los ist, so wichtig ist es, die gefühlten Intensionen zu beichten. In dem wir darauf eingehen, zeigen wir, wie wichtig es uns ist, dass wir nun verstanden werden. Doch wie macht man es am besten? Als erstes hilft Atmen. Ruhige, tiefe Atemzüge bringen uns zur Ruhe. Der Adrenalinspiegel sinkt wieder und der Blutdruck kehrt in seinen normalen Rhythmus zurück. Danach kommt der schwere Teil: Übernimm die Verantwortung. Egal, was das Kind getan hat: Du bist der Erwachsene. Sei das Vorbild des Menschen, der dein Kind werden soll. „Es tut mir leid, dass ich dich gerade angeschrien habe. Bitte entschuldige. Ich wollte dich nicht anschreien, meine Wut hat mich überrannt.“ Danach solltest du über deine Gefühle reden, auch wenn es schwerfällt. Kinder können nur, was wir ihnen vorleben, also zeig es. Wichtig ist dabei, keine Schuldzuweisungen zu treffen. Hilf dem Kind zu verstehen, dass sein Fehlverhalten in Kombination mit deinen Befindlichkeiten zu dieser Situation geführt hat. Meist ist es nicht das trotzige Kind, sondern die Summe des Tages, die uns sensibler sein lässt. Schau bei dir, welche Lasten du heute besonders zu tragen hattest und finde den Auslöser. Die Erkenntnis hilft dabei, es das nächste Mal besser zu machen.

Gibt es noch eine offene Entschuldigung (besser später, als nie)?

Wenn es trotz Achtsamkeit und guten Vorsätzen nicht besser wird, solltest du überlegen, ob nicht Hilfe von außen eine Verbesserung bringt. Es gibt Hotlines und Elterngruppen, denen man sich anvertrauen kann.

Allgemein gilt auch hier: jeder Schritt zählt. Die Methoden und Handhabungen wachsen mit den Anforderungen. Das einzig stetige in der Erziehung sollten Liebe und Verständnis sein. Die Aufgabe der Eltern ist immer die Förderung ihrer Kinder, damit sie wertvolle Erwachsene werden können.

Ein hilfreiches Werkzeug ist es, sich die wichtigen Dinge zu notieren und gezielt darauf hin zu arbeiten. Bei mir war es oft die Geduld, die meine Sicherung zum Glühen brachte. Ich konnte nicht warten, es musste immer alles gleich fertig sein. Als mir das bewusst wurde, habe ich gezielt daran gearbeitet. Kleine Aufgaben dazu fanden zum Beispiel Einzug in die Spielzeiten der Kinder. Wir bauten mit Holz oder Lego und ich nahm mich bewusst zurück, wenn ich mich dabei ertappte, wie die Ungeduld wuchs. Und es gab sogar noch einen tollen Nebeneffekt. Die Kinder können lachen, wenn etwas nicht gelingt, es wiegt nie so schwer, wie es bei uns Erwachsenen der Fall ist. Diese Erfahrung hat auch mir gutgetan.

Eine gute Übung war auch, das „Nein" zu üben. Zuerst haben wir dabei Grimassen geschnitten und uns gegenseitig erklärt, was es bedeutet. Mit zusammen gezogenen Brauen zum Beispiel würde ich aussehen, wie ein grimmiger Bär, sagte eines meiner Kinder. Ich fragte daraufhin, ob er bei diesem Gesicht mit mir spielen wolle. Und er sagte, dass er so nicht mit mir spielen wolle, weil das Gesicht doch recht ernst ist. Auf diese Weise konnten wir immer vermitteln, wie es ist, wenn wir es mal „ernst" meinen. Und das in einer spielerischen Situation. Als zweiter Step auf diesem aufbauend haben die Kinder ihre ernsten Gesichter gemacht, wenn sie zum Beispiel wollten, dass man sie nicht mehr kitzelte oder wenn etwas gerade schiefläuft. Und dann haben wir uns über Situationen unterhalten, die ihnen unangenehm sind. In diesem Kontext haben wir unsere Kinder dann auch dazu erzogen, laut „nein" sagen zu können.

Viel Spaß auf einer Reise, die voller neuer Eindrücke und Erfahrungen steckt. Übe dich in Geduld, habe Spaß und entdecke ein neues Gefühl der Verbundenheit.

Deine Stephanie

Bonus Kapitel GfK:

Gewaltfrei kommunizieren

Das Vier-Ohren-Modell

Die vier Kommunikationsebenen

Vier-Ohren-Modell, Vier-Seiten-Modell, Kommunikations- oder Nachrichtenquadrat – jenes von Schulz von Thun entwickelte Kommunikationsmodell hat zahlreiche Namen, genießt höchste Beachtung in der Kommunikationswissenschaft und ist, ganz nebenbei bemerkt, für einen Großteil aller Missverständnisse verantwortlich, was menschliche Kommunikation angeht. Und insbesondere Letzteres ist der Grund, warum es sich lohnt, sich etwas eingehender mit diesem Modell zu befassen – um nämlich zu verstehen, wie leicht es zu Missverständnissen kommen kann, aus denen eventuell ein Streit entstehen könnte. Ein solcher lässt sich nämlich wesentlich leichter, wesentlich effizienter beilegen, wenn man die Ursache dessen zu begreifen imstande ist.

Die Kernaussage des Vier-Ohren-Modells ist relativ simpel: Für jede Nachricht respektive verbale Botschaft existieren vier verschiedene Interpretationsebenen – die Sach-, Beziehungs-, Selbstoffenbarungs- und Appellebene. Stellt man sich nun also Sprecher und Zuhörer vor, so lässt der Sprecher ein und dieselbe Botschaft auf allen vier Ebenen dem Zuhörer zukommen, intendiert dabei allerdings nur eine einzige mögliche Interpretation, ohne, dass er kontrollieren kann, wie es letztlich ankommt.

Der Zuhörer hingegen kann die Nachricht nur auf einer der vier Ebenen aufnehmen. Das Spannende daran ist die Frage, ob der Zuhörer die Nachricht auf der gleichen Ebene versteht, auf der der Sprecher sie interpretiert haben will. Wenn ja – alles in Ordnung.

Falls nein – hier entsteht sogleich ein Missverständnis, aus dem, je nach Botschaft, schnell ein Konflikt werden kann.

Um diese Theorie besser verständlich zu machen, erdachte sich Schulz von Thun das sogenannte Kommunikationsquadrat. In diesem bildet jede der vier Seiten des Quadrats eine Interpretationsebene der in der Mitte des Quadrats stehenden Nachricht. Dies verbildlicht insbesondere das Prinzip, dass jede Information vier Botschaften (Ebenen) enthält und vom Empfänger auf vier verschiedene Weisen verstanden werden kann.

Auf welche dieser Botschaften es der Sender der Nachricht dabei abgesehen hat, ist für dieses Prinzip irrelevant, denn ausnahmslos *jede* Nachricht enthält diese vier Ebenen. Im Falle des Kommunikationsquadrates wies von

Thun jeder Seite des Quadrats, also jeder Ebene einer Nachricht, eine bestimmte farbliche Markierung zu. So wird die Sachebene blau, die Selbstoffenbarungsebene grün, die Beziehungsebene gelb und die Appellebene rot dargestellt.

Doch was genau hat es mit diesen vier Ebenen nun eigentlich auf sich? Im Prinzip verraten ihre Namen schon recht genau, wie es um sie bestellt ist.

Die Sachebene beschränkt sich rein auf die nüchternen, meinungslosen Informationen einer Nachricht. Inhaltliche Botschaften, wie Daten oder Fakten, stehen im Mittelpunkt der Kommunikation. Um Missverständnisse auf dieser (im Grunde ziemlich unkomplizierten) Ebene zu vermeiden, muss der Sender der Nachricht versuchen, den Inhalt der Sachbotschaft so deutlich und unmissverständlich wie möglich zu formulieren. Der Empfänger hingegen muss die Botschaft auf der Sachebene nach einigen Kriterien beurteilen, etwa was den Wahrheitsgehalt der Informationen angeht, deren Genauigkeit und Zuverlässigkeit oder

Vollständigkeit, und so weiter.

Allerdings gibt eine Nachricht nicht nur Auskunft über die sachlichen Informationen, die sie enthält. Prinzipiell offenbart jede Nachricht auch einige Informationen über ihren Sender, was im Vier-Ohren-Modell als Selbstoffenbarung oder Selbstkundgabe tituliert wird. Das bedeutet, dass jede Nachricht, die ein Sender an einen Empfänger richtet, Informationen, die etwas über persönliche Meinungen, Gefühle, Bedürfnisse und Werte des Senders verraten.

Diese Selbstoffenbarungsebene kann relativ deutlich erkannt werden, indem der Sender seine Bedürfnisse explizit formuliert, oder aber rein interpretativ erkennbar sein, indem er nur implizit auf seine Bedürfnisse eingeht.

Wie der Name schon nahelegt, verrät die Beziehungsebene einer Nachricht einiges über das Verhältnis zwischen Sender und Empfänger, in welcher Relation sie zueinanderstehen und welche Meinung der Sender vom Empfänger hat (oder welche Meinung der Empfänger der Ansicht des Senders nach über diesen hat).

Dieses Verhältnis zwischen beiden Parteien kann einerseits durch die Nachricht als solche, also über deren Wörter und konkreten Inhalt, kommuniziert werden, andererseits spielen aber auch Mimik und Gestik, Artikulation und Stimmlage
respektive Tonfall eine entscheidende Rolle.

Wie auch die Selbstkundgabe kann auch die Information auf der Beziehungsebene entweder explizit oder implizit verpackt werden, je nach Inhalt der Nachricht. Empfängt man eine Botschaft auf dem Beziehungsohr, so kann die Reaktion (je nach Meinung des Senders) äußerst verschieden ausfallen, von glücklich (zum Beispiel durch den expliziten Ausdruck von Wertschätzung oder Liebe) bis hin zu erbost oder traurig (wenn die implizite Botschaft Enttäuschung oder Missgunst etc. beinhaltet). Prinzipiell verfolgt jeder Mensch, der kommuniziert, ein genaues Ziel. Dieses wird auf der Appellebene besonders deutlich, denn auf jener Ebene werden solche Botschaften transportiert, die nahelegen, dass der Sender etwas ganz Bestimmtes vom Empfänger möchte.

Damit können – logisch – Appelle gemeint sein, aber auch vorsichtige Wünsche, direkte Anweisungen beziehungsweise Befehle oder auch gut gemeinte Ratschläge. Je nachdem, ob die Botschaften explizit oder implizit transportiert werden, ist es für den Empfänger leicht oder schwer zu erkennen, ob der Sender etwas Konkretes von ihm erwartet (und wenn ja, was).

Zu Missverständnissen kommt es also dann, wenn der Empfänger die Nachricht auf einer anderen Ebene empfängt, als der Sender es vorgesehen hat. Besonders tückisch dabei ist, dass lediglich die Interpretationen auf der Sachebene sowohl beim Sender als auch beim Empfänger identisch sind – eine Aussage auf Sachebene kann nicht missverstanden werden, wenn sie als solche wahrgenommen wird.

Doch selbst – nur als Beispiel – wenn eine Nachricht auf der Appellebene beim Sender losgeschickt wird und beim Empfänger auch auf selbiger ankommt, heißt dies noch nicht, dass der Empfänger den Appell versteht, beziehungsweise, dass er den Appell so versteht, wie er ihn verstehen soll. Auch ist es häufig der Fall, dass ein Mensch beispielsweise überaus empfänglich für die Appellebene ist, Dinge jedoch so gut wie nie auf der Beziehungsebene interpretiert. Auf diese Weise ist es nahezu unmöglich, eine auf der Beziehungsebene transportierte Nachricht an ihn zu richten, die er so versteht, wie er sie verstehen soll.

Modellbeispiele

Um zu verstehen, wie schnell es zu Missverständnissen kommen kann, geht man bei diesem Thema am besten von der Theorie in die Praxis. Hier folgen nun also zwei Beispiele, zwei erdachte Szenarien, in denen deutlich wird, wie verschiedene Interpretationsebenen eine Kommunikation beeinflussen können.

Das erste Szenario spielt in einer Wohngemeinschaft. Mitbewohner A hatte heute frei und war den ganzen Tag zuhause, Mitbewohner B kommt am frühen Abend von der Universität in die WG. Er betritt die Küche und sieht die Spüle, in der sich das benutzte, ungespülte Geschirr des Tages angesammelt hat, woraufhin er zu Mitbewohner A geht und sagt: „In der Küche stapelt sich der Abwasch!“. Mitbewohner A schaut Mitbewohner B daraufhin an und erwidert: „Ja, das stimmt.“ Daraufhin gibt sich Mitbewohner B einem langen, heftigen Wutanfall hin, geht zurück in die Küche und wäscht das Geschirr wütend selbst ab.

Was ist passiert?

Davon ausgehend, dass beide Bewohner

Nachrichten auf allen vier Ebenen zu empfangen
imstande sind, kann die Aussage „In der Küche stapelt sich der Abwasch!“ also auf der Sach-, der Selbstoffenbarungs-, der Beziehungs- sowie der Appellebene interpretiert werden. Entsprechend *übersetzt*, würden die möglichen Botschaften dieser Äußerung wie folgt lauten:

Sachebene: In der Küche befindet sich viel ungespültes Geschirr.

Selbstkundgabe: Ich finde es nicht gut, dass noch so viel Geschirr gespült werden muss.

Beziehungsebene: Ich war den ganzen Tag in der Universität, wohingegen du den ganzen Tag frei und genug Zeit hattest, abzuwaschen. Dass du das nicht getan hast, macht mich wütend.

Appell: Wasch das Geschirr ab!

Die Antwort von Mitbewohner A, „Ja, das

stimmt“, lässt nun darauf schließen, dass er die Aussage von Mitbewohner B auf der Sachebene interpretiert hat und die Information, dass sich in der Küche das Geschirr stapelt, bestätigen kann. Die wütende Reaktion von Mitbewohner B wiederum legt offen, dass seine Aussage nicht als Sachinformation gemeint war. Am wahrscheinlichsten ist, dass er von Mitbewohner A eine Erklärung haben wollte, wieso dieser nicht abgewaschen hat, obwohl es ihm an Zeit nicht mangelte, was auf eine Botschaft auf der Beziehungsebene schließen würde.

Durch die Antwort von Mitbewohner A herrscht nun jedoch dicke Luft in der Studenten-WG.

Ein weiteres Beispiel verdeutlicht, wie anhand des Vier-Ohren-Modells kommunikative Missverständnisse erkannt werden können, respektive wie sie generell zustande kommen. Folgendes Szenario: Die Mutter einer fünfzehnjährigen Tochter betritt deren außerordentlich unaufgeräumtes Zimmer (in welchem sich besagte Tochter währenddessen auch aufhält), betrachtet die Unordnung, schüttelt resigniert den Kopf und verlässt das Zimmer wieder. Was diese Situation auszeichnet, ist vor allem die nonverbale Art der Kommunikation, die genauso zu Missverständnissen führen kann wie verbale.

Welche Möglichkeiten bieten sich der Tochter nun, dieses resignierte Kopfschütteln zu interpretieren? Entsprechend des Kommunikationsquadrates sind es Folgende:

Sachebene: Das Zimmer ist unaufgeräumt.

Selbstkundgabe: Die Unordnung im Jugendzimmer scheint der Mutter sehr zu missfallen. Daraus lässt sich nun entweder schließen, dass sie generell ein Problem mit Unordnung oder sie eine Abmachung mit der Tochter getroffen hat, dass diese ihr Zimmer aufräumen soll. Diese Abmachung ist offensichtlich nicht eingehalten worden, was zur Unzufriedenheit der Mutter führen könnte.

Beziehungsebene: Aus der Unordnung im Zimmer (und eventuell weiteren alltäglichen

Indizien, die allerdings nicht Teil dieses Szenarios sind) schließt die Mutter, dass die Tochter ein unordentlicher, vielleicht sogar fauler Mensch ist oder, im Falle der getroffenen und nicht eingehaltenen Abmachung, die Autorität der Mutter anzweifelt oder untergräbt. Die Tatsache, dass sie ihre Enttäuschung dennoch so offen zeigt, legt nahe, dass sie nichtsdestotrotz ein enges Verhältnis zu ihrer Tochter pflegt, in dem Ehrlichkeit einen hohen Stellenwert genießt.

Appell: Schlicht und simpel – die Mutter verlangt von der Tochter, ihr Zimmer aufzuräumen.

Das Beispiel der kopfschüttelnden Mutter und der unordentlichen Tochter verdeutlicht, wie kompliziert Kommunikation allein schon durch ein und dieselbe Geste verlaufen kann. Und wie eine einzelne Äußerung aufgrund der vier Interpretationsebenen zu völlig unterschiedlichen Reaktionen führen kann, zeigt das Beispiel der Studenten-WG. Im Wissen um das

Kommunikationsquadrat kann man, um Missverständnisse zu vermeiden, besonderen Wert auf eine klare und deutliche Sprache legen, wenngleich man niemals hundertprozentig ausschließen kann, dass der Gegenüber einen auf die gewünschte Art und Weise versteht. Doch allein schon die Möglichkeit, verstehen zu können, woher kommunikative Missverständnisse rühren – und an dieser Stelle sei ausdrücklich betont, dass das Vier-Ohren-Modell keineswegs die einzige mögliche Ursache für derlei Fehlkommunikation ist – kann helfen, diese zu vermeiden beziehungsweise die Aufarbeitung eines Missverständnisses zu erleichtern.

Kommunikation während der Trotzphase

Warum Kinder trotzig werden

Eltern, die diese Phase bereits hinter sich gebracht haben, können es wahrscheinlich nur bestätigen – während keiner Phase in der Erziehung juckt es so sehr nach einem Streit in den Fingern wie in der Trotzphase. Die Luft scheint permanent dick, die Atmosphäre dauerhaft unterkühlt und Versuchungen für eine verbale Auseinandersetzung lauern scheinbar an jeder Ecke. Im besten Fall stellt die Trotzphase eine nur sehr schwer zu meisternde Herausforderung dar. Doch um diese zu meistern, solltest Du zunächst einmal verstehen, was es mit diesem beinahe pathologischen Trotz während dieser Phase eigentlich auf sich hat.

Fakt ist – Trotzphasen sind normal und gehören zur Entwicklung eines Kindes dazu. In der Regel machen die meisten Heranwachsenden zwei dieser Phasen durch – Abschnitte während des Erwachsenwerdens, in denen sie ständig neue Grenzen testen und, sobald sie auf eine stoßen, die sich nicht überschreiten lässt, sich einem heftigen Wutanfall hingeben. Die erste dieser beiden Phasen beginnt zumeist im Alter von drei Jahren – jenes Alter, in denen besonders trotzige Exemplare sich gerne auf dem Supermarktboden wälzen und Eltern am liebsten im selbigen versinken möchten. Und während der Pubertät, jener schwierigen Epoche zwischen früher Jugend und jungem Erwachsensein, versuchen Kinder häufig, sich mittels Grenzüberschreitung neu zu erfinden, selbst besser einschätzen zu können oder kennenzulernen. In diesem Alter sind es vorzugsweise Grundsatzdiskussionen, die zu ausgewachsenen Wutausbrüchen führen.

Eltern kann man während dieser Phasen nur raten – so schwer sich das anhören mag – Ruhe zu bewahren und sich kühlen Kopfes der Sache anzunehmen. In der Regel kannst Du Dich dabei durchaus auf Dein Bauchgefühl verlassen, da Eltern ihre Kinder am besten kennen und den genauen Grund für den Wutanfall ihres Kindes vielleicht schon erahnen.

Und selbst, wenn ihnen das auf die Schnelle nicht gelingt, empfiehlt es sich, die Sache in Ruhe zu überdenken, anstatt sich einer womöglich überzogenen, emotionalen Reaktion hinzugeben, die zu einer handfesten verbalen Auseinandersetzung führen kann.

Oft reicht es schon aus, sich ein paar simple Fragen zu stellen, um die mögliche Ursache des Wutanfalls zu ermitteln. Hat das Kind zur Zeit Probleme mit einem Freund, mit dem es häufig streitet und entsprechend über eine nur kurze Zündschnur verfügt? Ist er generell niedergeschlagen oder scheint sich vor irgendetwas zu fürchten? Wie steht es um die generelle mentale Verfassung? Hat er in letzter Zeit genügend geschlafen oder war krank? Wurde seitens der Eltern vielleicht ein Versprechen gebrochen, auf das sich das Kind ganz besonders gefreut hat? Ist es vielleicht gekränkt, weil es in letzter Zeit zu wenig Beachtung oder Anerkennung erhalten hat? Fühlt es sich durch die Schule oder bestimmte Anforderungen der Eltern überfordert? Oder unterfordert vielleicht?

Jede Trotzreaktion hat eine Ursache, manchmal mehr, manchmal weniger offensichtlich. Befasst man sich mit diesen Ursachen, ist es in der Regel ein Leichtes, die Trotzphase unbeschadet zu überstehen. Die wichtigste Frage am Ende des Tages lautet, in welcher Weise auf den Trotz, den Wutanfall, reagiert wird.

Fingerspitzengefühl statt offenem Konflikt

Sowohl für ein dreijähriges als auch ein vierzehnjähriges trotziges Kind gilt – die Zündschnur ist, wie bereits erwähnt, äußerst kurz. Das bedeutet, dass der Weg vom Empfinden einer Emotion bis hin zur direkten Zurschaustellung derselben ein extrem kurzer ist. Gefühle schlummern sowohl bei kleinen Kindern als auch bei Pubertierenden unmittelbar unter der Oberfläche und können nahezu unberechenbar ins Gegenteil umschlagen. Da Reaktionen zudem auch in der Regel noch unverhältnismäßig heftig ausfallen, stehen Wutanfälle an der Tagesordnung. Dies ist ein wichtiger

Gedanke – kein Kind ist freiwillig trotzig.

Als Erwachsener hingegen neigt man dazu, emotionaler Verarbeitung die nötige Zeit zu geben, was im Falle eines kindlichen Wutausbruchs jedoch der falsche Weg wäre. Anstatt eine Nacht darüber zu schlafen und langfristig über das klügste Vorgehen nachzudenken, benötigen Kinder in einer solchen Situation eine klare, schnelle und unmittelbare Reaktion auf ihr Verhalten. Einen sich bahnbrechenden Wutanfall kann man sich als eine Art Spirale vorstellen, die nahezu unaufhörlich nach unten führt und aus der sich das Kind, wenn es einmal richtig warmgelaufen ist, kaum noch selbstständig befreien kann. Je weiter es nach unten gleitet in dieser Spirale, desto heftiger wird der Wutanfall. Einzig die Eltern vermögen ihr Kind aus dieser Abwärtsspirale zu befreien, und zwar durch die entsprechende spontane Reaktion auf den Wutausbruch.

Die oberste Faustregel bei dieser entsprechenden Reaktion lautet: Offener Krieg muss um jeden Preis vermieden werden! Wenn das Kind den Eltern haltlose Anschuldigungen,

Beschimpfungen, Beleidigungen gar an den Kopf wirft, dann wäre es geradezu fatal, dies mit gleicher Münze heimzuzahlen. Selbstverständlich tut es wahnsinnig weh, wenn man vom eigenen Kind beleidigt wird, das ist überaus verletzend. Dennoch gilt es, Ruhe zu bewahren, den Schmerz zu ignorieren und sofort effiziente Problemlösungsstrategien einzuleiten. So schnell wie möglich solltest Du herausfinden, durch vorsichtige, direkte Fragen etwa, was es mit dem Groll Deines Kindes auf sich hat. Bei aller gebotenen Vorsicht ist jedoch auch die nötige Portion Hartnäckigkeit vonnöten, um das Kind nicht vom Thema abzubringen und es mit sanfter Entschlossenheit dazu zu bringen, sich dem Thema zu öffnen.

Das kann jedoch alles andere als einfach sein. Vor allem bei Pubertierenden erweist es sich als schwer, über ihre Schwächen, Sorgen und Ängste zu reden, da sie sich ihrer schämen. In den Augen eines Kindes ist es wesentlich einfacher, sich der Wut und dem Trotz hinzugeben und so eine scheinbar undurchdringliche Mauer zu errichten, durch die Eltern nicht hindurchdringen können.

In vielen Fällen ist Trotz demnach nichts anderes als ein Fluchtreflex vor unangenehmen, schmerzenden Situationen oder Umständen. Solche Momente, da Kinder ihre Verletzlichkeit mittels eines Wutanfalls offen zeigen, erfordern seitens der Eltern enormes Fingerspitzengefühl, eben weil die Kinder sich hier von ihrer verletzlichsten Seite präsentieren. Du musst ihnen klar machen, dass Angst etwas ganz Natürliches und sie zu empfinden keine Schande ist. Ein Kind sollte niemals verlernen, mit seinen Eltern offen über seine Sorgen und Ängste reden zu können.

Anders sieht es allerdings aus, wenn das Kind nicht aufgrund von sozialen Problemen, Ängsten oder generellen Sorgen in eine Trotz- und Wutspirale gleitet. Liegen die Ursachen des Trotzes eher bei dauerhafter Müdigkeit oder Erschöpfung, dann hilft eine ruhige, besonnene Diskussion in der Regel nicht sonderlich weiter. Hier bedarf es aller Autorität, zu der Eltern imstande sind, und zwar ausnahms- und widerspruchslos. Zumindest die

Ursachenforschung gestaltet sich in diesen Fällen leichter – sofern keine chronische Krankheit der Ursprung ist, gehören erschöpfte und müde Kinder schlicht ins Bett und müssen schlafen.

Das abendliche Einschlafen kann mithilfe einer Gute-Nacht-Geschichte oder eines Hörspiels erleichtert werden, da manche Kinder mit der absoluten Ruhe eines Schlafzimmers nicht umgehen können. Ist es noch nicht an der Zeit, um Schlafen zu gehen, sollte dem Kind auch tagsüber ausreichend Ruhe und Erholung geboten werden. Zugunsten des nächtlichen Schlafs darf auch gerne auf das Mittagsschläfchen verzichtet werden, stattdessen kann eine Stunde Ruhe auf der Couch eingeführt werden oder Ähnliches.

Diese Maßnahmen müssen konsequent – aber dennoch liebevoll – durchgesetzt werden. Während ein pubertierendes Kind in der Regel weiß, was es braucht, respektive was gut für es ist, kann dies ein chronisch ermüdeter Dreijähriger überhaupt nicht einschätzen. Hier braucht es, wie bereits erwähnt, die Autorität der Eltern. Sollte die Müdigkeit krankhaften Ursprungs sein, empfiehlt sich selbstredend der Besuch beim Kinderarzt.

Sollten die Ursachen für die Trotzphase stattdessen Unter- oder Überforderung des Kindes sein, hilft weder Reden noch der Arztbesuch.

Wenn ein Kind dauerhaft gelangweilt oder, von der anderen Seite aus betrachtet, überfordert ist und sich Leistungsdruck ausgesetzt sieht, dann stößt es – in diesem Falle unfreiwillig – an seine Grenzen. Hier besteht Handlungsbedarf, um dieser Situation ein Ende zu bereiten. Selbstverständlich braucht es zuvor einige einfühlsame Fragen seitens der Eltern, um genau herauszufinden, wo nun eigentlich das Problem des Kindes liegt. Die Reaktionen darauf müssen dann natürlich dem Alter entsprechend angepasst werden.

Eine Dreijährige, die aufgrund mangelnder Freunde trotzig wird, kann relativ leicht auf dem Spielplatz neue Bekanntschaften schließen. Bei einer Vierzehnjährigen wäre dieser Vorschlag ... nun, *wenig hilfreich* ist eine

Untertreibung. Rühren die Wutanfälle durch übersteigerten Leistungsdruck oder eine zu hohe Erwartungshaltung in Bezug auf die Schule her, bietet sich zum Beispiel ein Gespräch mit den Lehrern oder eine Überarbeitung des Lern- und Hausaufgabenplans an.

All dies – Leistungsdruck, Unterforderung, Müdigkeit oder Ängste – sind mögliche und immer ernst zu nehmende Ursachen, weshalb das Kind in letzter Zeit besonders trotzig agieren kann. Keineswegs vergessen werden sollte jedoch, dass Trotz in erster Linie eine Phase ist, in der Grenzen getestet und überschritten werden. Egal, wie müde, frustriert, unterfordert oder besorgt das Kind ist – es muss lernen, dass nichts davon Beleidigungen und Respektlosigkeiten, ganz gleich, wem gegenüber, rechtfertigen.

Das Einfordern einer offenen und ehrlichen Entschuldigung vom Kind, wenn es gerade etwas Verletzendes den Eltern gegenüber hat verlauten lassen, ist ein durchaus legitimer Schritt und veranschaulicht dem Kind, gerade im jungen Alter, dass es etwas Falsches getan hat. Für diesen Schritt ist es übrigens hilfreich, wenn die Eltern guten Beispiels vorangehen und ebenfalls lernen, sich für ihre eigenen Fehler und unangebrachten Äußerungen zu entschuldigen. Auf diese Weise lernt das Kind, dass dieses Verhalten keine Einbahnstraße ist.

Ein gutes Beispiel für Letzteres ist, wenn die Eltern selbst das Trotzverhalten des Kindes zu verschulden haben. Beispielsweise, indem ein im Vorfeld gegebenes Versprechen gebrochen wurde – die Gründe sind irrelevant – und dies nicht ausreichend kommuniziert wurde. Ein Kind kann durchaus damit umgehen, wenn der geplante Zoobesuch aufgrund von beruflichen Komplikationen spontan ins Wasser fällt, obwohl es ihm versprochen wurde. Dies muss nur mit der richtigen Portion Fingerspitzengefühl kommuniziert werden. Womit ein Kind nämlich nicht umgehen kann, ist, wenn es von den Eltern das Gefühl vermittelt bekommt, dass deren Versprechen an das Kind wertlos sind. Dass es nicht wichtig ist, was das Kind möchte und alles andere Vorrang hat. Bekommt es das Gefühl, dass genau dies der Fall ist, ist es kein Wunder, dass es trotzig wird und sich Wutanfällen hingibt. Als Eltern kann man sich in diesen Situationen – wenn es für präventive Kommunikation bereits zu spät ist – nur offen und ehrlich entschuldigen und darauf acht geben, dass das eigene Wort in Zukunft wichtiger genommen wird. Zur Versöhnung bietet es sich an, mit dem Kind einen spontanen Ausflug zu einem Ziel seiner Wahl zu machen. Auf diese Weise wird es besänftigt und der Haussegen hängt wieder gerade.

Motivation durch Kommunikation

Erfolg und Selbstständigkeit. Zwei Dinge, die sich jedes Elternpaar für die eigenen Kinder wünscht. Der Nachwuchs soll nicht für die Schule lernen, weil er das Gefühl hat, es tun zu müssen, sondern weil er Spaß dabei hat. Rückschläge kommen vor, doch das eigene Kind soll sich davon bestenfalls nicht aus der Bahn werfen lassen. Das erfordert allerdings das notwendige Maß an Motivation und Ehrgeiz. In der heutigen Zeit haben viele Kinder nicht mehr die nötige Ausdauer, ein Projekt abzuschließen, in welchem es auch mal Rückschläge gibt. Hauptursache für diesen fehlenden Biss ist die Kommunikation der Eltern.
Daher widmet sich dieses Kapitel voll und ganz der Frage, wie man mittels einfacher, aber präziser und wirkungsvoller Kommunikation das Kind erreichen und Motivation und Ehrgeiz in ihm entfachen kann.

Zuallererst stellt sich jedoch Frage, was genau Motivation und Ehrgeiz eigentlich ausmachen. In welchem Maße sind sie gesund, ab wann können sie krankhaft werden?

Der Begriff Ehrgeiz meint zunächst die Eigenschaft eines Menschen, mit Spaß und Zielstrebigkeit sowie einem hohen Maß an Freiwilligkeit auf das Erreichen eines bestimmten Zieles hinzuarbeiten und dabei Hindernisse, Rückschläge und andere Schwierigkeiten in Kauf zu nehmen und an deren Überwindung zu arbeiten. Bezogen auf den mitunter größten Lebensinhalt eines Kindes – die Schule – bedeutet Ehrgeiz, mit Freude zu lernen, unaufgefordert und fleißig die Hausaufgaben zu erledigen und großes Interesse an den eigenen Schulnoten zu zeigen. Der Erwerb von Wissen ist dabei eines der höchsten Ziele für das Kind. Dies ist die wohl gesündeste Form von Ehrgeiz. Ungesund wird es, wenn der Eifer des Kindes derart überhandnimmt, dass Körper und Geist darunter zu leiden beginnen. An dieser Stelle ist rasches und vor allem ausbremsendes Handeln vonseiten der Eltern gefragt. Motivation schließlich bezeichnet die Einsatzbereitschaft des Kindes, die hochgesteckten Ziele des Ehrgeizes zu erfüllen. Ein Kind, das ehrgeizig, aber unmotiviert ist, wird Schwierigkeiten haben, seine Ziele zu erreichen, wohingegen ein motiviertes, aber nicht gerade ehrgeiziges Kind den Arbeitseifer besitzt, aber nicht weiß, wofür es eigentlich so viel arbeitet. Ersteres ist in der Regel das größere Problem.

Dabei lässt sich Motivation relativ einfach durch Kommunikation mit Deinem Kind erzeugen. Dazu musst Du lediglich ein wenig in die psychologische Trickkiste greifen. Viele sprechen dabei besonders erfolgreich auf das Belohnungsprinzip an.

Wenn Lerneifer honoriert wird, entwickelt sich automatisch mehr davon. So schätzen Kinder Belohnungen für erbrachte Leistungen als wesentlich höher und wertvoller ein als Belohnungen für keinen ersichtlichen Gegenwert. Ein Wassereis, das Du Deinem Kind beispielsweise vom Einkaufen mitgebracht hast und ihm ohne weiteres überreichst, wird ganz anders wahrgenommen als ein Wassereis, dass es als Belohnung für die Mathehausaufgaben erhält. Dadurch stellen schulische Aufgaben einen Anreiz dar, der zu Höchstleistungen anzuspornen vermag – wobei der Belohnungskatalog sich selbstverständlich nicht bloß auf Wassereis beschränken muss.

Doch auch immaterielle Güter können einen ähnlichen Effekt hervorrufen. Das prominenteste Beispiel hierfür ist Anerkennung. Eltern, die den schulischen Erfolg ihres Kindes, zum Beispiel eine Eins in Biologie, bewusst vor dem Kind in Relation zum mit der Note in Verbindung stehenden Aufwand in Verbindung bringen, signalisieren ihrem Kind damit, dass Aufwand sich stets lohnen wird.

Dem Kind wird dadurch kommuniziert, dass es sich den Erfolg selbst durch die vorbereitenden Maßnahmen zuzuschreiben hat, dass dies seine eigene, ganz persönliche Leistung ist.

Damit einher geht ein hohes Maß an Befriedigung – woran es sich bei der nächsten anstehenden Arbeit erinnern wird. Dadurch entsteht sehr viel Motivation, sich ein weiteres Mal für den Lernaufwand zu belohnen.

Ein positiver Nebeneffekt der deutlichen Kommunikation von Anerkennung ist übrigens, dass das Kind gute Noten mit Belohnungen assoziieren wird – und was will man mehr?

Rückschläge indes, beispielsweise in Form einer schlechten Note trotz hohem Lernaufwand, können sich hin und wieder in Bezug auf die schulische Motivation als bremsend erweisen. Dabei gehören Rückschritte sowohl zum Leben als auch erst recht zur kindlichen Entwicklung dazu. Eltern können jedoch einiges tun, um ihren Kindern diese Rückschläge einerseits als normal zu verkaufen und andererseits ein Absinken der Motivation dadurch zu verhindern. Das erste Zauberwort bei diesem Unterfangen lautet *Geduld.* Angenommen, Du übst mit Deiner kleinen Tochter gerade das Lesen, was sich jedoch als schwieriger als gedacht gestaltet, dann ist es wichtig, am Ball zu bleiben, ohne Druck auf Dein Kind auszuüben. Sollte es sich mit Fortschritten schwertun, ist es zum Beispiel keine Schande, ein Buch unterer Klassenstufen als Übergangslösung zu nehmen, um Deinem Kind ein motivierendes Erfolgserlebnis zu verschaffen. Dabei müssen kleine Erfolge genauso gefeiert werden wie große, wohingegen Rückschritten kaum und schon gar keine negative Beachtung geschenkt werden dürfen.

Der Tod einer jeden Motivation für ein Kind ist jedoch der Vergleich. Eltern neigen gerne dazu, das Kind zur Bewertung einer Schulnote nach den Noten der anderen Klassenkameraden zu fragen.

Das schafft jedoch nichts anderes als Druck, da sich das Kind durch diese Maßnahme als weniger wertvoll erachtet als Leonie, die eine Eins in derselben Arbeit geschrieben hat, in der das eigene Kind „nur“ eine Drei vorweisen kann. Genauso schädlich ist übrigens der Vergleich in die andere Richtung – der vergleichende Blick auf notenschwächere Schüler führt ein Kind rasch in die Versuchung der Arroganz und des Abhebens, was zumeist Hand in Hand geht mit dem Nachlassen der eigenen schulischen Leistungen.

Einige handfestere Tipps, wie Du Motivation bei Deinem Nachwuchs entfachen kannst, sind beispielsweise Folgende:

Bevor Du Deinem Kind Hilfe bei Übungen oder den Hausaufgaben anbietest, kannst Du es sich getrost selbst der Sache annehmen lassen. Selbst, wenn es sich dann mit der Aufgabe schwertun sollte und Du helfend eingreifen musst, sollte der kommunikative Schwerpunkt stets auf den Sachen liegen, die das Kind selbst bereits erledigt und herausgefunden hat.

Des Weiteren sollte gelten: Inhalt geht über Form! Natürlich legen Schulen wie auch die meisten Eltern großen Wert auf ordentlich geführte Schulhefter und -bücher. Wesentlich wichtiger gewertet werden sollten dabei jedoch die inhaltlichen Aspekte. Wenn Du die Hausaufgaben deines Sohnes liest, die inhaltlich fehlerfrei, aber vielleicht in einer nahezu unleserlichen Sauklaue verfasst sind, dann ist der Inhalt stets als Erstes zu loben. Dein Kind hat sich viel Mühe gegeben, und wenn das erste, das es hört, die Beschwerde über die hässliche Form der Hausaufgabe ist, wird es wohl kaum sonderlich viel Motivation verspüren, sich beim nächsten Mal noch genau so viel Mühe zu geben.

Generell sollte Ordnung nicht allzu viel Gewicht beigemessen werden. Kinder entwickeln ganz automatisch einen gewissen Forscherdrang, sobald sie die Schule besuchen und ihr Wissensdurst angeregt wird. Im Zuge dessen werden sie, rein aus Neugierde, sicherlich auch mal Unordnung veranstalten, vielleicht auch den ein oder anderen Gegenstand im Eifer des Gefechts kaputtmachen. Ein Kind dabei zu bremsen, wenn es zu übermütig wird, ist sicherlich vertretbar und in einigen Fällen auch notwendig – allerdings sollte dies nie auf Kosten des Forscherdrangs und der kreativen Freiheit geschehen.

Generell arbeiten Kinder – vor allem eher kreativ veranlagte – effizienter und auch motivierter, wenn sie an der langen Leine lernen und arbeiten dürfen.

Das bedeutet, wenn das Kind mitten in der Mathehausaufgabe den dringenden Drang verspürt, zum besseren Verständnis die Textaufgabe in verschiedensten Stimm- und Tonlagen vorzulesen und nachzusprechen, dann ist das absolut okay! Kreativität und Offenheit angesichts ungewöhnlicher Zugänge zu bestimmten Themen wirken sich positiv auf die Motivation eines Kindes aus.

Vor besagter langer Leine sollte man sich als Elternteil übrigens auch in jungen Jahren – auf das Kind bezogen – nicht scheuen. Eines der Hauptprobleme, aufgrund dessen Kinder im heutigen Grundschulalter kaum noch Motivation, Ehrgeiz und Kreativität zeigen, ist, dass viele Eltern dazu neigen, sich zu früh in die Aufgaben der Kinder einzumischen. Den größten Erfolg für ein (junges) Schulkind stellt es dar, wenn es belohnt wird für eine Herausforderung, beispielsweise in Form einer Leistungskontrolle, die es selbst gemeistert hat. Greifst Du zu früh in den Schulalltag deiner Kinder ein und hilfst ihnen zu viel, sobald sie das erste Mal kleinere Probleme haben, beraubst Du sie damit jedweder Möglichkeit dieser Befriedigung, durch erfolgreich bewältigte Aufgaben und damit verbunden auch der Motivation, diesen Erfolg zu wiederholen. Somit können weder Begeisterung noch sonderliches Interesse für schulische Aufgaben und

Leistungen entstehen, von Ehrgeiz ganz zu schweigen.

Ein letztes Thema, das eng mit Motivation zusammenhängt (und dessen gegenteiliger Effekt später noch eingehender beschrieben wird), ist die aktive Freizeitgestaltung des Kindes. Im Vordergrund bei der Planung der Freizeit stehen dabei natürlich sowohl Lust als auch Zeit und Spaß Deines Kindes, den es bei der Ausübung der betreffenden Tätigkeiten verspürt.

Die Teilnahme beim Reitverein beispielsweise sollte genossen werden und freiwillig erfolgen, nicht von den Eltern aufgezwungen. Der Vorteil einerseits ist, dass durch die außerschulischen Aktivitäten ein ausgezeichneter Ausgleich geschaffen wird, eine willkommene Abwechslung vom manchmal doch recht tristen Schulalltag. Andererseits bieten derlei Aktivitäten wiederum eine Menge Gelegenheiten für Herausforderungen und Erfolge, wodurch wiederum Motivation und Ehrgeiz geweckt werden.

Problematisch werden solche Freizeitaktivitäten, wenn es zu viele sind oder die wenigen, die ausgeübt werden, zu viel Zeit in Anspruch nehmen.

Dabei sind zum einen die Auswirkungen auf die schulischen Leistungen des Kindes zu beobachten (wenn neben all dem Fußballtraining keine Zeit mehr zum Lernen bleibt, sollte man eingreifen), zum anderen aber auch die Entwicklung des Kindes selbst. Hast Du das Gefühl, dass sich Dein Kind nur noch von

Veranstaltung zu Veranstaltung schleppt, ohne echten Spaß oder ohne Motivation, dann solltest Du Dich ernsthaft fragen, ob die Zeit Deines Kindes – oder besser gesagt, die *wertvolle Freizeit* – richtig investiert ist. Wie Zeitmanagement richtig funktioniert, soll jedoch an anderer Stelle ein Thema werden.

Liebe Leser/innen,

hat dir unsere gemeinsame Reise gefallen? Missfallen? Hast du Anregungen, Verbesserungsvorschläge oder Kritik?

Dann schreibe es mir, helfe mir, besser zu werden und die nächste Auflage oder die Fortsetzung noch ansprechender zu gestalten.

Melde dich, wenn du Interesse daran hast, bei den nächsten Büchern vorab als „Testleser" Einfluss zu nehmen.

Wundere dich nicht, wenn ich tatsächlich antworte ☺ Ich freue mich auf deine Kommunikation.

autor@ideeundgeld.de

Schreibe bitte eine Rezension auf Amazon, für eine junge Autorin ist das eine wunderschöne Bestätigung. Danke.

Um zu sehen, was wir noch veröffentlicht haben und planen, geht es hier zu unserer Autorenseite: https://bit.ly/389WJoM

Hier kannst du dir ein Buch meiner lieben Bekannten zum Thema BLW ansehen: https://amzn.to/3cjgMo3

Haftungsausschluss

Die Umsetzung aller enthaltenen Informationen, Anleitungen und Strategien dieses E-Books erfolgt auf eigenes Risiko. Für etwaige Schäden jeglicher Art kann der Autor aus keinem Rechtsgrund eine Haftung übernehmen. Für Schäden materieller oder ideeller Art, die durch die Nutzung oder Nichtnutzung der Informationen bzw. durch die Nutzung fehlerhafter und/oder unvollständiger Informationen verursacht wurden, sind Haftungsansprüche gegen den Autor grundsätzlich ausgeschlossen. Ausgeschlossen sind daher auch jegliche Rechts- und Schadensersatzansprüche. Dieses Werk wurde mit größter Sorgfalt nach bestem Wissen und Gewissen erarbeitet und niedergeschrieben. Für die Aktualität, Vollständigkeit und Qualität der Informationen übernimmt der Autor jedoch keinerlei Gewähr. Auch können Druckfehler und Falschinformationen nicht vollständig ausgeschlossen werden. Für fehlerhafte Angaben vom Autor kann keine juristische Verantwortung sowie Haftung in irgendeiner Form übernommen werden.

Impressum

2020

1. Auflage

"Icons made by Freepik from www.flaticon.com"

Kontakt: IDEE+GELD GmbH, Abteilung IDEEN-Verlag, Am Wallgraben 99, 70567 Stuttgart

Printed in Poland
by Amazon Fulfillment
Poland Sp. z o.o., Wrocław

61357874R00068